# AUF DEN SPUREN KARLS DES GROSSEN IN INGELHEIM

Entdeckungen – Deutungen – Wandlungen

Holger Grewe (Hg.)

# Auf den Spuren Karls des Grossen in Ingelheim

## Entdeckungen – Deutungen – Wandlungen

Publikation der Stadt Ingelheim am Rhein

Ingelheim am Rhein
Die Rotweinstadt

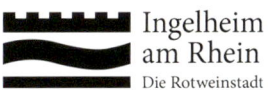

MICHAEL IMHOF VERLAG

# INHALT

14 | Vorwort

16 | Einleitung

## I. SPURENSUCHE IN DER SCHRIFTÜBERLIEFERUNG

*Caspar Ehlers*
20 | „Auch herrliche Paläste baute er …" – Karl der Große in Ingelheim nach den Schriftquellen

## II. SPURENSUCHE IN DER KAISERPFALZ

*Holger Grewe*
30 | Archäologie der Architektur

*Britta Schulze-Böhm*
44 | Bauskulptur

*Holger Grewe*
50 | Goldmünze mit dem Bildnis Karls des Großen

53 | Tafelteil

## III. METAMORPHOSEN: PALAST – RUINE – DENKMAL

*Holger Grewe*
68 | Baulicher Wandel im Mittelalter

*Caroline Eva Gerner*
82 | Zwischen Mittelalter und Moderne

*Patrizia Bahr*
90 | 20. Jahrhundert und Gegenwart

## IV. ENTDECKUNGEN: AUSGRABUNGEN UND BAUFORSCHUNG

*Ramona Kaiser*
98 | Die Entdeckung der Pfalz Karls des Großen in Literatur und Wissenschaft

*Gabriele Blaski*
106 | „Mit der eisernen Brechstange als Bohrer" – Ausgrabungen seit 1888

## V. SPURENSUCHE IN DER GEGENWART

*Holger Grewe*
112 | Forschen – Sichern – Erschließen – Archäologie, Denkmalpflege und Stadtsanierung im Kaiserpfalzgebiet seit 1993

*Katharina Peisker*
128 | Planen und Bauen – Der Denkmalbereich am Heidesheimer Tor

*Herbert Weyell*
138 | Sanieren und Modernisieren – Stadtsanierung im Ingelheimer Saalgebiet

143 | Nachwort

144 | Bildnachweis

144 | Impressum

# VORWORT

„Am nächsten Morgen kam das Ende. Karl soll sich noch einmal bekreuzigt haben. Dann habe er seine Füße angezogen und schließlich im Sterben leise den Psalm 30 gesungen: In deine Hände, oh Herr befehle ich meinen Geist. Dies geschah am Vormittag des 28. Januar 814, einem Samstag. Karl war tot."
Mit diesen Worten – basierend auf den Quellen des ersten Karls-Biographen Einhard – beschreibt Stefan Weinfurter in seiner jüngst erschienenen Biographie „Karl der Große – Der heilige Barbar" das historische Ereignis, das den Anlass für das Karlsjahr 2014 in Ingelheim am Rhein gibt. Die Stadt lädt ihre Freunde und Gäste dazu ein, gemeinsam mit ihr den Spuren einer der faszinierendsten Persönlichkeiten der Geschichte nachzugehen. Es ist für Wissenschaftler und Laien gar nicht so einfach, sich ein unvoreingenommenes Bild vom ersten Kaiser des Mittelalters zu machen. Zweifelsfrei sind seine Verdienste um Bildung und Kultur, die Vereinheitlichung der Schrift, sein Einsatz als Garant der römischen Kirche. Schwieriger wird es da schon mit der Einordnung der ihm zugeschriebenen Rolle als „Vater Europas", die man selbstverständlich nur im Kontext der damaligen Zeit bewerten kann und die zumindest insoweit unstrittig ist, als sie sich auf die Bedeutung Karls für die kulturelle und intellektuelle Entwicklung des westlichen Europas bezieht. Ganz schwierig wird es bei der Bewertung und Einordnung seiner Taten als brutaler und rücksichtsloser Machtmensch und Kriegsherr. Wie seit Jahren auch die Forschung so stellen viele die Frage: War Karl der Große ein guter oder ein böser Herrscher? Die nach wie vor in Bezug auf das Leben und Wirken Karls des Großen eher dürftige Quellenlage macht es selbst für die Wissenschaft schwierig, eindeutige Befunde zu liefern. Johannes Fried hat das im Vorwort zu seiner ebenfalls im vergangenen Jahr erschienenen Karls-Biographie unmissverständlich formuliert, indem er schreibt: „Eine objektive Darstellung des großen Karolingers ist schlechterdings nicht möglich".

Im kürzlich erschienenen „Spiegel"-Buch über Karl den Großen kommt der Herausgeber Dietmar Pieper zu dem Ergebnis, dass „noch wundersamer als das Leben Karls des Großen sein Nachleben" sei. Unzählige Herrscher in Europa haben sich auf Karl den Großen berufen, einige sich mehr oder weniger deutlich in seiner unmittelbaren Nachfolge gesehen. Besonders zu diesem Aspekt kann die Stadt Ingelheim am Rhein vieles beitragen. Denn das historische Erbe der Kaiserpfalz im Saalgebiet umfasst nicht nur den Gründungsbau Karls des Großen, sondern auch zahlreiche Bauzeugnisse seiner Nachfolger, die den Karls-Ort bewusst wieder aufsuchten, ausbauten und förderten.

Der 1200. Todestag Karls des Großen ist für die Stadt Ingelheim der Anlass, sich mit der Person Karls des Großen auseinanderzusetzen und vor allem das zu präsentieren, was die Forschungsstelle Kaiserpfalz hierzu in den letzten 15 Jahren im wahrsten Sinne des Wortes zu Tage gefördert hat. Dass die Ingelheimer Pfalz im umfangreichen Pfalzensystem des Karolingers eine nicht unbedeutende Rolle spielte, ist unstrittig. Dass sie von besonderer Pracht und Ausstattung war, ebenso. Inzwischen gilt sie aber auch in der Fachwelt als eine der am besten erforschten Anlagen ihrer Art. Auf diesen Ergebnissen aufbauend, haben wir viel unternommen und investiert, damit das Denkmal erschlossen und wieder erlebbar wird. So bietet das Karlsjahr eine gute Gelegenheit, nicht nur den Erkenntnisgewinn, den die Archäologie in den letzten 15 Jahren erbracht hat, einer möglichst breiten Öffentlichkeit zugänglich zu machen, sondern auch zu zeigen, wie wir mit eben diesen archäologischen Befunden im Rahmen der touristischen Erschließung des Pfalzareals und im Kontext seiner städtebaulichen Entwicklung umgegangen sind.

Wer die heutige Situation des historischen Pfalzgebietes mit der von 1998 – als wir ebenfalls ein Karlsjahr begangen haben – vergleicht, oder gedanklich gar noch einige Jahre zurückgeht, dem wird die erstaunliche Entwicklung dieses Quartiers in den vergangenen Jahren bewusst. Welche Beachtung dies außerhalb unserer Stadt gefunden hat, macht die 2011 erhaltene Auszeichnung im Rahmen des europaweiten Wettbewerbs „Die unverwechselbare Stadt: Identität, Heimat, Marke" deutlich. Die Verleihung des Stiftungspreises an Ingelheim begründete die Jury wie folgt:
„Die Jury hat die Rotweinstadt Ingelheim am Rhein als ‚Unverwechselbare Stadt' ausgezeichnet. Sie ist beispielgebend dafür, wie die Balance zwischen Denkmalpflege und Stadtsanierung gelingen kann. In Ingelheim wurde erst spät die mittelalterliche Kaiserpfalz von Karl dem Großen aus ihrem unbeachteten Dasein hervorgeholt. Bei der Stadtsanierung orientierte man sich an den historischen Gebäudeformen des Mittelalters; die einzigartige Bauform der Kaiserpfalz wurde betont und wieder sichtbar gemacht. Die Bürger partizipieren an den Planungs- und Entscheidungsprozessen, die ihr Lebensumfeld beeinflussen. Heute stiftet die Kaiserpfalz nicht

nur Heimatverbundenheit und schärft das Geschichtsbewusstsein bei den Bürgern. Sie ist zudem als lebendiges Museum und Forschungsstätte eine touristische Marke. Die Sanierungsmaßnahmen haben die Wohn- und Aufenthaltsqualität gesteigert und das Quartier aufgewertet."

2014 widmen wir Karl dem Großen und der Kaiserpfalz unter dem Gesamtmotto „Dem Kaiser auf der Spur" drei Sonderausstellungen: „Personenkult" – „Pfalzansichten" – „Prachtort", ergänzt durch eine „Karolinger-Route" im Außengelände. Und schließlich sind wir dank neuer Funde und Ideen zu ihrer Präsentation schon wieder einige Schritte weiter: Die aktuellen Ausgrabungen an und in der St.-Remigiuskirche belegen, dass die Vorgängerkirche dort älter ist – aus merowingischer Zeit stammt – und nach dem Grabungsbefund auch bedeutender war als bisher angenommen. Die Funde im Inneren des Kirchturms wollen wir künftig in Abstimmung mit der Diözese und der Kirchengemeinde für die Öffentlichkeit zugänglich machen. Neben den städtischen Akteuren ist es vor allem der Historische Verein Ingelheim e. V., der mit einer Reihe von sechs hochkarätigen wissenschaftlichen Gastvorträgen das Karlsjahr bereichert. Auch die Generaldirektion Kulturelles Erbe Rheinland-Pfalz lädt zu Fachvorträgen nach Mainz ein. Die katholische Kirchengemeinde St. Remigius hat mit einem Festgottesdienst unter der Leitung des Apostolischen Nuntius in der Bundesrepublik Deutschland Eterovic und Kardinal Lehmann einen beeindruckenden Beitrag zur Eröffnung des Karlsjahres geleistet und lädt zu interessanten Vortragsveranstaltungen ein. Mein herzlicher Dank gilt allen, die einen Beitrag zum Gelingen des Festjahres schon geleistet haben oder noch leisten werden.

Geschichte und Gegenwart verbinden sich in der Stadt Ingelheim zu besonderer Wohn- und Lebensqualität. „Geschichte erleben – Zukunft gestalten" lautet seit einigen Jahren selbstbewusst unser Stadtmotto. Ich wünsche unseren Bürgerinnen und Bürgern, unseren Freunden und hoffentlich vielen Gästen ein erlebnis- und entdeckungsreiches Karlsjahr 2014 „auf den Spuren des Kaisers" in Ingelheim am Rhein.

*Ralf Claus*
Oberbürgermeister
Stadt Ingelheim am Rhein

# EINLEITUNG

### Überlieferung und Archäologie

„Mit der eisernen Brechstange als Bohrer …" begann 1888 die archäologisch-bauhistorische Untersuchung der Pfalz Ingelheim (Paul Clemen, Der karolingische Kaiserpalast zu Ingelheim). Mehrjährige Grabungskampagnen folgten jeweils auf die Jahre 1909 und 1960. Heute wird das Kaiserpfalzgebiet im Ingelheimer Saal in einem kombinierten Ansatz von archäologischen Methoden und denkmalpflegerischen Maßnahmen untersucht und dokumentiert; eine laufende Stadtsanierung eröffnet der Archäologie bislang mangelnde Chancen für Ausgrabungen, die durch bauliche Veränderungen ausgelöst sind. Legt man den Grabungsplan neben ein Luftbild vom Saalgebiet, wird sofort klar: Dieser Ort geht in seiner Struktur und Bautopographie auf eine der bedeutendsten Pfalzen des Mittelalters zurück. Straßen, freie Plätze und Baufluchten lassen bis heute die Gründungsanlage Karls des Großen aus der Zeit um 800 erkennen. Deshalb ist das Saalgebiet nicht nur eine archäologische Forschungsstätte, sondern mitsamt seiner historisch gewachsenen Bebauung ein Architekturerbe von unschätzbarem Wert, das es zu schützen und zu erhalten gilt. Wissen zu generieren, Baureste zu schützen, Wohn- und Lebensumwelten aufzuwerten, sind die Ziele laufender Maßnahmen, die von der Stadt Ingelheim am Rhein mit fachlicher Unterstützung der Generaldirektion Kulturelles Erbe Rheinland-Pfalz seit 2001 umgesetzt werden. Inzwischen hat sich das Erscheinungsbild des Ortsquartiers verändert. Archäologische Präsentationsbereiche und Pflastermarkierungen gründen auf neuen Erkenntnissen, Mauersicherungen und Schutzbauten sind sichtbare Dokumente von Denkmalschutz und verbesserter Präsentation, gezielte Hausabrisse und neu gestaltete öffentliche Räume sind das Ergebnis städtebaulicher Steuerung.

### Bandinhalt

Der vorliegende Band führt in fünf Kapiteln durch das gewandelte Saalgebiet auf den Spuren Karls des Großen zu den Resten der von ihm gegründeten Pfalzanlage. Er dokumentiert ihren materiellen Niederschlag in Mauerresten und im Fundmaterial und darüber hinaus den literarischen Niederschlag in Schriftzeugnissen vom ausgehenden 8. und frühen 9. Jahrhundert, voran der Erwähnung in der ersten Karlsbiographie des Einhard: „Auch herrliche Paläste baute er, einen nicht weit von der Stadt Mainz bei dem Hofgut Ingelheim …" (Einhard, Vita Karoli Magni). Pfalzen aus karolingischer Wurzel sind eine überaus rare Denkmalgattung; Alter und Seltenheit rufen die Frage nach ihrer Überlieferungsgeschichte auf den Plan. Auch diesem Thema ist ein Buchkapitel gewidmet, ebenso der frühen Wiederentdeckung in Wissenschaft und Literatur. Die konzeptionellen Leitlinien der denkmaltouristischen Erschließung und der städtebaulichen Sanierung werden im Abschnitt „Spurensuche in der Gegenwart" behandelt. Der Band ist im Jahr 2014 – eintausendzweihundert Jahre nach dem Tod Karls des Großen – entstanden, das die Stadt Ingelheim am Rhein unter dem Titel „Dem Kaiser auf der Spur – 1200 Jahre Karl der Große und Ingelheim" feiert. Die Ausstellungen „Personenkult", „Pfalzansichten" und „Prachtort" sowie eine „Karolinger-Route" durch das Denkmal im Saalgebiet gehören ebenso wie zahlreiche Sonderveranstaltungen zum Programm.

### Danksagung

Mein Dank gilt allen Autorinnen und Autoren für ihre Beiträge und für ihr Einverständnis, sich kurz und beispielhaft zu artikulieren. Für den organisatorischen Rahmen zur Entstehung des Bandes danke ich Frau Katharina Ferch M.A., der die Gesamtkoordinierung des „Karlsjahres 2014" obliegt. Frau Dr. Caroline Gerner danke ich für die hervorragende redaktionelle Betreuung und Abstimmung mit dem Verlag und Herrn Dr. Michael Imhof und seinem Team für die engagierte Realisation. Die Stadt Ingelheim am Rhein schafft in beispielgebender Art und Weise die Voraussetzungen für Forschung und Forschungsanwendung. Für das große Vertrauen und die Bereitstellung bedeutender finanzieller Mittel danke ich Herrn Oberbürgermeister Ralf Claus persönlich und stellvertretend für Verwaltung und Politik. Für fachliche Unterstützung und eine über den Ort hinausgehende Kooperation sei der Generaldirektion Kulturelles Erbe Rheinland-Pfalz, Herrn Generaldirektor Thomas Metz gedankt. Vom Anfang der 1993 begonnen Grabungskampagne an haben Herr Oberbürgermeister i. R. Dr. Joachim Gerhard und Herr Landesarchäologe i. R. Dr. Gerd Rupprecht bis zur ihrem beruflichen Ausscheiden mit außergewöhnlichem Engagement grundlegende Beiträge zum Entstehen und zur Verstetigung der Maßnahmen geleistet.

## Königspfalz – Kaiserpfalz

Der fachlich informierte Leser wird feststellen, dass die Bezeichnung der Pfalz als Kaiserpfalz nicht der wissenschaftlichen Fachbezeichnung entspricht. Aber es ist derjenige Name, der am Ort historisch tradiert und ausschließlich in Gebrauch ist. Interessanterweise führt aber ausgerechnet die Frage, ob die Pfalz Karls des Großen in Ingelheim Teil eines kaiserlichen Bauprogramms war, tief in die wissenschaftliche Diskussion. Stehen der hohe Aufwand, die Antikenrezeption, die Bezugnahme auf Kunststile aus allen Teilen des Fränkischen Reichs etwa im Zusammenhang mit der Idee der kaiserlichen Herrschaft? Vorläufig lässt der Forschungsstand diesen Schluss nicht zu, doch ist eine Diskussion eröffnet, die durch weitere Untersuchungen hier und andernorts befördert werden muss.

Forschung schützt vor Missverständnis und Missbrauch von Geschichte, Denkmalpflege vor Verlust und Vergessen, Sanierung durch die Inwertsetzung gegenwärtiger Lebenswelten vor einer konstruierten Trennung zwischen Geschichte und Gegenwart. Wer sich heute auf die Spurensuche in Ingelheim begibt, wird mehr als eindrucksvolle Zeugnisse Karls des Großen finden, nämlich eine nicht minder interessante Überlieferungsgeschichte über 1200 Jahre hinweg vom Palast zur Ruine und schließlich zum Denkmal.

*Holger Grewe*
Forschungsstelle Kaiserpfalz
Stadt Ingelheim am Rhein

# I | SPURENSUCHE IN DER SCHRIFTÜBERLIEFERUNG

Relief mit Flügelpferden, um 800 (Ausschnitt)

*Caspar Ehlers*

# „AUCH HERRLICHE PALÄSTE BAUTE ER ..."

## Karl der Große in Ingelheim nach den Schriftquellen

### EINFÜHRUNG – VON SINN UND NUTZEN DES ERINNERNS

Vor 1200 Jahren starb Karl der Große – stets und bis heute durch Biographien namhafter Historiker dem nicht zu befürchtenden Vergessen entrissen (z. B. Fried 2013, Weinfurter 2013, Hartmann 2010, McKitterick 2008, Becher 2007, Kerner 2004, Hägermann 2003, Favier 2002). Ingelheim aber ist älter und lebt immer noch ...

Das hat mit historischen Kontinuitäten zu tun, die das menschliche Leben weit übersteigen, die begrenzte Lebensspannen überdauern, die Vergangenheit mit Zukunft verbinden, einer Zukunft, die morgen Gegenwart und dann selbst Vergangenheit sein wird. Ein Leben wie das Karls des Großen wirkt in seine Zukunft – und mithin in unsere eigene Gegenwart –, nicht nur wegen der aus Quellen gestützten Erinnerung an seine Taten, sondern auch wegen der aus seiner Zeit stammenden und bis heute sichtbaren Überreste.

Der auf diesen Januskopf der Eigenart der Gegenwart anspielende Titel dieses Beitrages ist ein Zitat. Es stammt von Einhard, dem berühmten Biographen Karls des Großen, der nach dem Tod seines Verehrten über ihn schrieb, er habe in Ingelheim und Nimwegen entzückende Pfalzen errichten lassen: „Auch herrliche Paläste baute er, einen nicht weit von der Stadt Mainz bei dem Hofgut Ingelheim, einen zweiten zu Nimwegen ..." (Einhardi Vita Karoli Magni, cap. 17).

Die Aachener Pfalz mit ihrer Kirche sowie die Mainzer Rheinbrücke hatte Einhard schon unmittelbar zuvor gewürdigt. Die Brücke aber war schon ihrer beabsichtigten Unendlichkeit durch Flammen beraubt worden, was wiederum als Omen für den nahen Tod des Kaisers gewertet wurde. Auch dies verbindet Gegenwart mit Zukunftserwartungen.

Nicht also nur vergängliche Handlungen begründen den Zeiten übergreifenden Ruhm. Auch die planvolle Errichtung von beständigen Monumenten trägt dazu bei. Was wären die Babylonier und Ägypter, die Griechen und Römer oder die Azteken und die fernöstlichen Hochkulturen, wenn wir nur Texte von ihnen oder über sie hätten?

Gäbe es nur schriftliche, erzählende Quellen über die Vergangenheit, so wären wir gefangen in einem methodischen Dilemma. Texte sind nicht aus sich heraus „wahr". Freilich geben sie Zeugnis, ihre Echtheit vorausgesetzt, über das Verständnis von der Gegenwart ihrer Autoren, aber zum letzten Ende hin gedacht, sind sie Konstruktionen, wie es die moderne Art der Quellenkritik lehrt. Wenn von einer kosmischen Katastrophe, die alle Schriftzeugnisse des jungen 21. Jahrhunderts zerstören würde, wegen eines Zufalls nur eine Zeitung vom heutigen Tage übrig bliebe – welches Bild hätten Historiker wohl von den ersten Jahrzehnten dieses in seiner Vorgeschichte so hoffnungsvoll herbeigesehnten dritten Jahrtausends?

Es ist eine Eigenheit des Menschen, sich für seine Vergangenheit zu interessieren. Er stützt sich dabei auf zu lesende und zu sehende Zeugnisse ebenso wie auf zu hörende Lehren der Älteren. Er setzt sich stets aufs Neue mit diesen Quellen und Überresten auseinander, er verfeinert die Methoden der historischen und empirischen Analyse. Dabei überwiegen manchmal Euphorie und manchmal Skepsis. Enttarnte Fälschungen vermeintlich historisch glaubhafter Dokumente erschüttern als sicher eingeschätzte Erkenntnisse, neue Funde erhellen bislang für unlösbar angesehene Fragen. Dies betrifft sowohl den Bereich der Tradition, also im weitesten Sinne die auf schriftlicher Überlieferung gründende Geschichtswissenschaft, als auch den Bereich der Überreste, also die beispielsweise auf der Archäologie basierenden Einsichten über die Vergangenheit.

Hier in Ingelheim hat vor allem die Archäologie in den letzten zwei Jahrzehnten bahnbrechende und überregionales Aufsehen erregende Funde zu Tage gebracht, von denen international in den Medien berichtet wurde. Im vorliegenden Beitrag soll versucht werden, aus gegebenem Anlass diese neu erkannten Überreste mit den an sich bekannten Überlieferungen in Einklang zu bringen. Dies steht in der Tradition einer Methodenlehre der Geschichtswissenschaft, die im 19. Jahrhundert entwickelt wurde und bis heute ihre Gültigkeit bewahrt hat, wenn nach den schriftlichen Zeugnissen gesucht und deren Glaubwürdigkeit hinterfragt wird, die von Karl dem Großen und Ingelheim berichten.

## KARL DER GROSSE UND INGELHEIM – VON DER REICHWEITE DER QUELLEN

### Die Nutzung der Pfalz nach den Schriftquellen

Dass es eine karolingische Anlage in Ingelheim gab, steht außer Frage (vergleiche dazu auch den Beitrag von Holger Grewe im vorliegenden Band). Älter noch sind Vorläufer einer Infrastruktur, weitere jüngere Entwicklungsstufen bis zum heutigen Tage sind ebenso evident.

Für die folgende Darstellung der Quellen über Handlungen Karls des Großen in Ingelheim wurden nur jene Schriftquellen herangezogen, die zeitgenössisch sind oder die Spanne von einer Generation (30 Jahre) nicht überschreiten (siehe auch Schmitz 1974). Spätere, auf Abschrift dieses Fundus basierende oder gar phantasievolle Ausschmückungen bietende Zeugnisse sowie die jeweilige geschichtswissenschaftlichen Deutungen wurden hingegen übergangen.

### 774

Zum Jahre 774 ist der erste Aufenthalt Karls in Ingelheim durch die sogenannten Fränkischen Reichsannalen in ihrer ältesten Fassung (A) überliefert, welche spätestens 15 Jahre nach den Ereignissen wohl in Lorsch niedergeschrieben wurde (vgl. McKitterick 2008). Sein Besuch am hier noch unspezifisch als *locus* bezeichneten Ort Ingelheim steht im Zusammenhang mit den langwierigen, aber aktuell noch jungen Sachsenkriegen des fränkischen Königs (Annales regni Francorum ad a. 774, Regesta imperii I Nr. 169a).

Karl ordnet einen Rachefeldzug an, nachdem sächsische Verbände Büraburg und Fritzlar im heutigen Nordhessen angegriffen hatten. Orte, an denen seinerzeit Bonifatius ein halbes Jahrhundert zuvor erste Missionszentren eingerichtet hatte, die der Bekehrung der Sachsen dienen sollten, also gleichsam ‚ehrwürdige' Plätze des jungen Christentums in den Regionen außerhalb des christlichen, aber untergegangenen spätrömischen Reiches.

Schon hier zeigt sich die Verbindung von Vergangenheit, Gegenwart und Zukunft in den Handlungen Karls. Und zugleich werden auch die ferneren Regionen erkennbar, auf die Karls Herrschaft aus Ingelheim wirkt: die Anrainer des Frankenreiches im Osten und Südosten. Denn nicht nur Sachsen ist ein Ziel karolingischer Expansion, sondern auch Bayern ist ein zukunftsweisender Raum für die Bildung des fränkischen Großreiches, und gut zehn Jahre später werden bayerische Angelegenheiten den Anlass für einen erneuten Besuch Karls in Ingelheim bieten.

### 787, Dezember 25 (bis 788, Mitte?)

Dieselben Fränkischen Reichsannalen berichten nämlich, dass Karl der Große Weihnachten 787 und Ostern (30. März) *in villa Quae dicitur Ingilenheim, simliter et pascha* gefeiert habe (Annales regni Francorum ad a. 787, Regesta imperii I Nr. 292a und 293a). Unmittelbar schließt der Bericht über den Hoftag in Ingelheim mit dem Prozess gegen Tassilo an (siehe die Aufenthalte im März und Juni 788), so dass im Grunde genommen ein langer Aufenthalt von einem halben Jahr vermutet werden könnte. Aus methodischen Gründen – zwischen den überlieferten Daten liegt eine große Zeitspanne – werden die drei Nachrichten jedoch getrennt behandelt werden. Außerdem handelt es sich bei der unmittelbar aufeinander folgenden Angabe der Aufenthaltsorte des Königs an Weihnachten und Ostern um eine Eigenheit des fränkischen Annalisten der älteren Anlagestufe, die die unterschiedlichen Gewohnheiten der Festsetzung des Jahreswechsels zum Hintergrund gehabt haben könnten, wie Rosamond McKitterick, eine der besten Kennerinnen der fränkischen Annalistik, bemerkte, die anhand solcher Beobachtungen einen Autorenwechsel für das Jahr 797/798 wahrscheinlich machte (McKitterick 2008).

### 788, März 28/30

Die Nachricht vom Osteraufenthalt des Jahres 788 in Ingelheim wird durch eine Urkunde Karls des Großen vom 28. März 788 aus der *villa nostra Ingelheim* abgesichert (Mühlbacher 1906 Nr. 160, Regesta imperii I Nr. 293).

### 788, Juni

Der Bericht der von einem zeitnah schreibenden Verfasser stammenden Fränkischen Reichsannalen fährt unmittelbar nach dem genannten Osteraufenthalt fort, dass sich ein Hoftag Karls des Großen in Ingelheim dem Prozess Herzog Tassilos III. von Bayern (um 741 – um 796) gewidmet habe, ohne allerdings den Termin zu nennen. Dieser ergibt sich, so legen es geschichtswissenschaftliche Untersuchungen schon des 19. Jahrhunderts nahe, aus „Gepflogenheiten", derartige Anlässe in den Juni oder Juli zu legen, sowie aus der quellengestützten Angabe, dass Tassilo als Ergebnis der Ingelheimer Verhandlungen im Kloster zu St. Goar am 6. Juli die Tonsur erhalten haben soll. Aber der Reihe nach:

Auf einem Hoftag, den die Fränkischen Reichsannalen in ihrer ältesten Fassung *synodus* nennen, ihre spätere Überarbeitung hingegen *generalis conventus*, in der *villa* Ingelheim wird über ein länger zurückliegendes Fehlverhalten Tassilos, des agilolfingischen Herzogs von Bayern, aus dem Jahre 763 verhandelt und nachgewiesen, dass er immer noch der Frankenherrschaft widerstrebend gegenübersteht und mit den Awaren konspiriert. Dazu sind bayerische Zeugen und ein Publikum geladen, das das Reich Karls des Großen repräsentiert: Franken, Bayern, Langobarden und Sachsen. Gegen Tassilo wird wegen Hochverrats und seiner Unbelehrbarkeit das Todesurteil gefällt, welches der gnädige König auf Grund seiner Verwandtschaft zum Herzog und auf dessen Bitten hin in eine Verurteilung zur Klosterhaft umwandelt. Tassilo soll zum Kleriker geschoren und in ein Kloster eingewiesen werden. Er wird also aus der Welt entfernt, ebenso wie seine engere Verwandtschaft und seine bayerischen Komplizen.

Der wohl kurz nach den Ereignissen entstandene Bericht der sogenannten Fränkischen Reichsannalen (Lorscher Fassung A) liefert darüber die ausführlichsten Angaben (Annales regni Francorum ad a. 787). In der zwischen 814 und 817 entstandenen Bearbeitung der Reichsannalen, die als „Einhardsannalen" bekannt ist, liest sich der Bericht etwas kürzer, aber mit den gleichen Details (Annales qui dicuntur Einhardi ad a. 788).

Neben den ‚offiziösen' Berichten der Fränkischen Reichsannalen gibt es weitere Quellenzeugnisse aus zeitgenössischer Geschichtsschreibung, die in das Umfeld der fränkischen Annalistik gehören, aber weiter vom Hofe entfernt entstanden. Sie liefern freilich bedeutende Einzelheiten zu dem Ablauf der Verhandlungen, welche man als „Plus" bezeichnet, womit selbständig überlieferte zusätzliche und vertrauenswürdige Angaben gemeint sind, die den Text gegenüber den von ihm benutzten Vorlagen abhebt. Die bis 798 berichtenden Annales Mosellani melden irrig und inhaltlich sehr knapp (Urteil und Klosterhaft) den Prozess, den sie als *placitum ad Ingilinhaim* bezeichnen, ein Jahr verfrüht schon zum Jahre 787. Der auf dieser mosselländischen Quelle aufbauende Lorscher Annalist, der bis 803/818 arbeitete und dessen Werk nicht zu verwechseln ist mit den etwas früher entstandenen sogenannten Lorscher Annales regni Francorum, nennt Einzelheiten, die er wohl den Reichsannalen entnommen hat (Annales Laureshamenses). Das sogenannte „Fragmentum Chesnianum", eine andere Fassung dieser Lorscher Annalen, hingegen kennt zu den Klostereinweisungen mehr Details, so etwa das bisher unbekannte Datum der Tonsurierung Tassilos und deren Ort, den 6. Juli und das Kloster St. Goar. Dass es den Ingelheimer Hoftag als *conventus seu synodus* bezeichnet, mag auf die Benutzung der beiden Fassungen der Reichsannalen zurückzuführen sein.

Auch die sogenannten „Annales Nazariani" stammen aus Kloster Lorsch, sie sind nach dem Patron des Klosters, St. Nazarius, benannt und schöpfen aus den mosselländischen sowie Lorscher Annalen. Aber sie nennen folgendes, für Ingelheim wichtiges Detail: die Ortsbezeichnung *in palatio* (was natürlich auch das Gremium, die Hofversammlung, bezeichnen könnte) und eine ausführlichere Begründung zum Ablauf der Tonsurierung Tassilos, die dieser wegen der „Schmach und der Schande" vor den Franken nicht in der Pfalz habe stattfinden lassen wollen, was Karl ihm gewährt habe und den Akt nach St. Goar verlegen ließ (Annales Nazariani).

Das bis 816 geführte Chronicon Moissiacense baut auf den schon bekannten Quellen auf, weshalb es nichts Neues erzählt.

Zusammenfassend kann zu diesem für die fränkische Reichsgeschichte wichtigen Aufenthalt Karls in Ingelheim gesagt werden, dass es genügend zeitnah entstandene Quellen mit durchaus eigenem Informationsgehalt gibt, um an der Tatsache dieses Besuches keine Zweifel aufkommen zu lassen. Für Ingelheim selbst ist festzuhalten, dass damals schon eine entsprechende Infrastruktur vorhanden gewesen sein muss, um die zahlreichen hoch- und niedergestellten Personen sowie deren Entourage und Tross am Ort unterzubringen und zu versorgen. Bedeutend ist natürlich die erstmalige Bezeichnung *palatium* für den sonst *villa* genannten Ort in den Lorscher Annales Nazariani, deren Bericht mit dem Jahr 790 endet. Geographische und zeitliche Nähe zu den Ereignissen darf also vorausgesetzt werden.

*791, Juni (zwischen März und August)?*

Ein nächster Aufenthalt Karls des Großen in Ingelheim ist mit weitaus größeren Unsicherheiten behaftet, denn nur die Vita Ludwigs des Frommen aus der Feder des sogenannten Astronomus berichtet von einem Treffen Ludwigs des Frommen mit seinem Vater in Ingelheim irgendwann zwischen März und August 791: „Im folgenden Jahr ging König Ludwig zu seinem königlichen Vater nach Ingelheim und von da mit ihm nach Regensburg" (Astronomus, Vita Hludowici imperatoris, cap. 6). Weitere Zeugnisse dafür gibt es nicht, die Annalistik zu Karl berichtet für die fragliche Zeit, Karl sei in Worms gewesen und von dort nach Regensburg aufgebrochen. Die Regesta Imperii vermuten daher: „Liegt nicht wieder eine Unrichtigkeit vor, so müsste der König nach Ostern zu kurzem Aufenthalt in Ingelheim gewesen, aber wieder nach Worms zurückgekehrt sein" (Regesta imperii I Nr. 311c).

Eine derartige Reise auf dem Rhein ist nicht unmöglich, allerdings ist zu bedenken, dass Karl dann gegen seine intendierte Marschplanung erst noch in entgegengesetzte Richtung flussaufwärts und zurück gezogen sein soll, um seinen Sohn abzuholen, was angesichts der Zeitumstände einen hohen logistischen Aufwand bedeuten würde.

### *807, August 7*

Der letzte Besuch Karls in Ingelheim hingegen ist zweifelsfrei belegt, da er am 7. August 807 in seiner Pfalz Ingelheim (*actum Inghilinhaim palatio nostro*) urkundet und dieses Diplom im Original erhalten ist (Mühlbacher 1906 Nr. 206, Regesta imperii I Nr. 429or). Zum selben Jahr meldet darüber hinaus das schon bekannte und wohl zeitnah entstandene Chronicon Moissiacense, dass Karl der Große im *palatium* Ingelheim einen Hoftag mit Bischöfen, Grafen und anderen Getreuen abgehalten habe. Diese Angabe fehlt in den Annales regni Francorum. Zwei voneinander abhängige Quellen geben sogar einen anderen Ortsnamen an, so dass auch das nahe gelegene Kostheim (wo Karl für die Jahre 790 und 795 nachgewiesen werden kann) oder gar Koblenz in Frage käme, aber die genannte Urkunde, die im Original überliefert ist, weist Karl für das fragliche Jahr in Ingelheim nach. Wie schon durch die Annales Nazariani aus dem Ende des 8. Jahrhunderts wird nun nochmals durch zwei unabhängige Quellen des beginnenden 9. Jahrhunderts Ingelheim als Königspfalz bezeugt.

### *Erschlossene Durchreisen*

Waren das alle Besuche Karls des Großen in Ingelheim? Das Problem bei der Untersuchung seiner Reisewege auf nicht dokumentierte Aufenthalte in Ingelheim ist die Nähe zu Mainz! Zugleich ist dieser Umstand aber auch eines der großen Rätsel: Warum baut er unmittelbar vor den Toren der spätantiken Civitas eine *villa* zur Pfalz aus? Dies leitet über zu abschließenden Fragen.

## Die Funktion der Pfalz für Karl den Großen

Der bedeutenden Architektur der Ingelheimer Pfalzanlage ist bereits anzusehen, dass Karl Besonderes mit dem Ort vorhatte oder zumindest, dass er diesen Ort wählte, um ein besonderes Architekturprogramm zu verwirklichen, dessen Inhalt sich nicht auf den ersten Blick erschließt. Können anhand der Schriftquellen weitere Erkenntnisse gewonnen werden, die unser Bild vom Ingelheim Karls des Großen vervollständigen?

### *Karl der Große*

Der erste Besuch im September 774 ist zugleich der früheste Nachweis eines fränkischen Herrschers am Ort. Dies bedeutet weder, dass kein Merowinger oder Karolinger hier zuvor gewesen sein könnte, noch, dass mit diesem Datum der Ausbau Ingelheims in Zusammenhang zu setzen ist. Es ist ein kühler historiographischer

Faksimile einer Urkunde, die 807 bei der Reichsversammlung in Ingelheim ausgestellt wurde. Quelle: Staatsarchiv Würzburg

Befund. Die archäologischen Forschungen Holger Grewes haben in der Tat gezeigt, dass der Ausbau doch etwas später anzusetzen ist. Die im Museum gezeigte Rekonstruktion der vielleicht einzigartigen Pfalzanlage darf also nicht auf das Jahr 774 bezogen werden. Andererseits ist auch nachgewiesen, dass es vor den 70er Jahren des 8. Jahrhunderts fränkische und zuvor auch römische Siedlungstätigkeit in der Umgebung und am Ort gegeben hat, worauf aus aktuellem Anlass auch noch einzugehen ist.

Zum Weihnachtsfest 787 ist Karl wieder in Ingelheim nachgewiesen, und er verweilt vielleicht bis zum Juni 788 am Ort, als hier der Prozess gegen Tassilo von Bayern durchgeführt wird. Sollten Karl und sein Hof tatsächlich ein halbes Jahr in Ingelheim verbracht haben, dann ist von entsprechenden Gebäuden und einer funktionierenden Infrastruktur auszugehen. Nach seiner Kaiserkrönung ist Karl ein drittes Mal in Ingelheim bezeugt, als im August des Jahres 807 ein Hoftag stattfindet. Welche Funktion mag dieser Ort für den großen Karl gehabt haben? Gibt es etwa weitere Quellen, die darüber Auskunft geben?

Um dieser Frage nachzuspüren, muss etwas weiter ausgeholt und eine weitere, noch nicht genannte Quelle herangezogen werden.

In einem berühmten Gedicht zum Lobe Ludwigs des Frommen von Ermoldus Nigellus aus dem ersten Drittel des 9. Jahrhunderts (Ermoldus Nigellus, In honorem Hludowici) wird anlässlich von Ereignissen des Juni/Juli 826, des Empfangs des zu seiner in Mainz vorgesehenen Taufe angereisten Königs der Dänen Harald, ein zyklisches Wandgemälde in einer *regia domus* am Rhein beschrieben, die dem Kontext des Epos zufolge in Ingelheim gestanden haben soll. Das Gemälde stellt Szenen aus der Weltgeschichte in einer Folge von zwölf Einzelbildern dar, die vom Perserkönig Cyrus bis zu Karl dem Großen als Bezwinger der Sachsen reichen. Gleichsam Höhepunkte einer welthistorischen Herrschergeschichte (Lammers 1972, Schmitz 1974), wie sie der gebildete Dichter Ermoldus aus älteren Vorbildern, der Aeneis und vor allem der spätantiken Geschichtsschreiber und Theologen Eusebius und Hieronymus sowie Orosius, kompiliert haben könnte (McKitterick 2008).

Johannes Fried vertritt – gegen ihm bekannte archäologische Einwände von Holger Grewe – nun die zuvor auch von Rosamond McKitterick aufgegriffene, einst von Walter Lammers forcierte These, dass Ermoldus Wandgemälde (oder Wandbehänge) in Worte fasst, die in der Ingelheimer Königshalle tatsächlich zu sehen gewesen waren, und erweitert diese Annahme um eine Frühdatierung schon in die Jahre vor 800 (Fried 2013, McKitterick 2008, Lammers 1972). Dazu muss freilich nicht nur das beschriebene Bildzeugnis eine Generation früher datiert, sondern es müssen auch die anderen nicht immer überzeugend erscheinenden Details zum Ingelheimer Aufenthalt als glaubwürdig eingestuft werden, die in Ermoldus' Epos zu lesen sind. Nicht zuletzt muss dann die Ingelheimer Aula vor dem Jahr 800 fertiggestellt gewesen sein, und es bleibt der Widerspruch, dass die gleichfalls von Ermoldus beschriebene Kirche, die auch mit einem, allerdings biblischen, Wandzyklus ausgeschmückt gewesen sein soll, sicherlich nicht in Ingelheim stand, sondern eher in Mainz, nach einhelliger Forschungsmeinung der Ort der Taufe des Dänenkönigs.

Johannes Fried interpretiert das Bildprogramm als „Geschichtskonstrukt, das die welthistorisch-universale Bedeutung Roms in den Mittelpunkt rückte", wenn es, was Fried ausdrücklich bejaht, „authentisch ist" (Fried 2013). Diese Prämisse verbindet Fried dann mit dem Bericht zur Übernahme der Kaiserwürde durch Karl den Großen in den oben schon erwähnten Lorscher Annalen, die den Umstand hervorheben, Karl sei am Vorabend seiner Kaiserkrönung aus einem Grund besonders geeignet erschienen, das römische Kaisertum im Westen zu erneuern: „Denn er hielt Rom in Besitz, wo immer Kaiser zu herrschen pflegten, und er hatte auch die übrigen Sitze in Italien, Gallien und Germanien inne, weil der allmächtige Gott ihm alle diese Sitze in seine Macht gegeben hatte". Bemerkenswert ist, dass die Lorscher Annalen die Krönung durch den Papst nicht erwähnen, so dass ein ‚papstfreies' Kaisertum konstruiert werden kann, das auf faktischer Machtfülle beruht, ohne die eschatologischen Implikationen zu berücksichtigen, die dieser Renovatio in den meisten Quellen der Zeit eigen sind, wie beispielsweise Liudger und Alkuin bezeugen (Padberg 2005).

In seiner Biographie Karls des Großen, die „kein Roman, dennoch eine Fiktion" sei, schlägt Johannes Fried einen weit angelegten Bogen vom Endzeitbewusstsein des ausgehenden 8. Jahrhunderts zu Karls Kaiserkrönung, der hier im einzelnen nicht nachgezeichnet werden kann. Er betont, dass „Rom, das alte Haupt der Welt" in den Lorscher Annalen „vielmehr den übrigen ‚Kaisersitzen' gleichgestellt" und „mithin abgewertet" werde. Fried fragt weiter, ob hier „Unzufriedenheit unter den Franken mit dem Geschehen in Rom zum Ausdruck" komme, freilich kein neuer, sondern ein von Rudolf Schieffer formulierter Gedanke (Fried 2013, Schieffer 2000, Schieffer 2013).

Der Lorscher Bericht zur ‚Übernahme der Kaiserwürde' und der bei Ermoldus Nigellus beschriebene „Geschichtszyklus" würden somit Rom in spezifischer Weise vom Papsttum lösen, Karl kehre sozusagen „in die Heilsgeschichte eingebunden" als neuer Konstantin in die von ebendiesem einst verlassene Stadt Rom „als künftiger Caesar" zurück (Fried 2013).

Die Diskussion um die Faktizität des von Ermoldus beschriebenen Bildzyklus ist allerdings schon älter und wohl zu Ungunsten Ingelheims abgeschlossen, aber nehmen wir dennoch an, dass McKitterick und Fried Recht haben, dann könnte Ingelheim als ein Repräsentationsort römisch-kaiserlicher Intentionen Karls des Großen mit historischem, nicht heilsgeschichtlich-christlich rückgebundenem Hintergrund im oben angedeuteten Sinne verstanden werden.

Diese Annahme kann durch zwei Aspekte gestützt werden:
– Die einzigartige und danach nie wieder kopierte, weil nicht verstandene Architektur der Anlage sowie
– das Fehlen eines ‚Pfalzstiftes' beziehungsweise einer bedeutenderen karolingischen Kirche innerhalb des Pfalzbezirks, wie beispielsweise der Marienkirche in Aachen.

Gegen diese Theorie würde jedoch, neben dem Hinweis, dass die Sachsenkriege frühestens kurz vor dem Jahr 800 oder vielleicht auch erst einige Jahre später beendet waren, die hier bislang nicht dargestellte Vorgeschichte Ingelheims sprechen, die eng mit den Bemühungen der Vorfahren Karls um die Ausbreitung und Stärkung des Christentums in den mainfränkischen Gebieten am Rande des ehemaligen Römischen Reiches verbunden sind.

Das jüngst aufgedeckte Taufbecken („Piscina") bei der außerhalb des Pfalzbezirkes gelegenen älteren fränkischen Kirche mit dem bedeutenden Remigius-Patrozinium belegt nämlich eine Funktion des Ortes für die Christianisierung ihrer Region vor der Karolingerzeit (Ehlers/Grewe/Ristow 2013). Zu Anfang der 40er Jahre des 8. Jahrhunderts wird diese Kirche dann vom Hausmeier Karlmann unmittelbar vor dem ein Jahrzehnt später gelungenen Aufstieg der Karolinger zum Königtum an das neu gegründete Bistum Würzburg verschenkt, ebenso wie der zehnte Teil der Erträge des Ingelheimer Königsgutes (Störmer 1999, Nr. 23, Nr. 25). Beide Übertragungen zur Unterstützung der Christianisierung des mainfränkischen Raumes sind zwar erst durch Bestätigungen des 9. Jahrhunderts überliefert, aber es gibt keinen plausiblen Grund, an ihrer Authentizität zu zweifeln, zumal da Bonifatius selbst Ende Oktober 741 auch Karlmann, Pippin und deren Halbbruder Grifo nach dem Tode Karl Martells (22. Oktober 741) aufgefordert hatte, die Christianisierungsbestrebungen weiterhin zu unterstützen. Insofern kann von einer Fortdauer der Nutzung des Ortes mit merowingerzeitlicher Tradition durch Karl den Großen gesprochen werden, ohne dass damit die aufregende Architektur erklärt wäre.

Als einziges Beispiel einer fränkischen Königspfalz mit einem vielleicht ähnlichen, wenn auch nur halb so großen, halbkreisförmigen Architekturbestandteil wird Samoussy im Département Aisne in der Picardie ausgemacht (Weise 1923). Pippin weilte hier zum Weihnachtsfest 766, Karlmann II. im Januar 769 sowie am 4. Dezember 771, seinem Todestag, und Karl der Große ist hier im Dezember 774 einmal nachzuweisen.

Die Frage nach Vorbildern und Funktionsabsicht beziehungsweise die Inhalte der repräsentativen Anlage von Ingelheim sind meines Erachtens noch nicht geklärt, jedoch dürfte anzunehmen sein, dass die Architekten der Exedra Beispiele aus der römischen Herrschaftsarchitektur, vielleicht durch byzantinische Vermittlung, vor Augen hatten und sie nicht als Erfindung der Baumeister Karls des Großen oder des Königs selbst anzusehen ist (vgl. Grewe 2014).

Ein Hinweis auf die wachsende Bedeutung Ingelheims dürfte neben der architektonischen Entwicklung auch in den vereinzelten „Palatium"-Belegen zu erkennen sein, die ja nicht vom Anfang der Besuche an vorliegen:

- zu 788 in den Annales Nazariani (Ende des 8. Jahrhunderts),
- vom 7. August 807 in der Urkunde Karls des Großen,
- zum selben Jahr im Chronicon aus Moissac (Anfang des 9. Jahrhunderts),
- die zitierte Stelle aus Einhards Karlsvita (nach 814) sowie dem Epos von Ermoldus Nigellus (um 829).

Die Befunde aus dem 8. Jahrhundert sind nicht gerade üppig, aber decken sich doch mit den Beobachtungen der Archäologie, dass der Ausbau der Ingelheimer Anlage auf die Jahrhundertwende hin zu datieren sei. Überhaupt ist zu betonen, dass der Schwerpunkt der karolingerzeitlichen Besuche im 9. Jahrhundert liegt.

### *Raumkonzepte und ihre Zukunft im Wandel der Erfordernisse*

Dass auch raumbezogene Vorstellungen die Wahl der zentralen Orte durch Karl den Großen, um auf ihn zurückzukommen, bestimmt haben, zeigen die schon erwähnten Orte: Aachen, Ingelheim und Frankfurt liegen nämlich zu Zeiten des Beginns ihrer Nutzung alle an der Peripherie seines Reiches vor dem geglückten Sieg über die Sachsen. Dieser erst erweiterte das Reich bis an die Elbe, so dass die von Karl spektakulär in die Geschichte eingeführten Plätze erst ab dem 9. Jahrhundert Zentralorte im Sinne auch ihrer geographischen Lage werden.

## RESÜMEE – VON FAKTEN UND FIKTIONEN ZU GESCHICHTSBILDERN

Schon die Anknüpfung des Staufers Friedrichs I. Barbarossa an die Ingelheimer Pfalz, die im Bericht Rahewins, der Ottos von Freising Tatenbericht Friedrichs I. fortsetzte, deutlich wird, zeigt die Faktizität karolingischer Pfalzen: „Die herrlichen, einst von Karl dem Großen errichteten Pfalzen, und die mit großartiger Kunstfertigfertigkeit ausgeschmückten Königshöfe in Nimwegen und bei dem Hof Ingelheim, äußerst starke, aber durch Vernachlässigung und Alter schon sehr morsch gewordene Bauwerke, hat er aufs Herrlichste wiederhergestellt" (Otto von Freising und Rahewin, Gesta Friderici). Der Bau einer staufischen Vorburg ist inzwischen nachgewiesen, weitere archäologische Untersuchungen stehen aber noch aus (vgl. Grewe 2010). Die Initiative Friedrichs I. wird hier historiographisch für den gebildeten Leser mit Einhards Biographie Karls des Großen verbunden, denn wie wir wissen, waren Ingelheim und Nimwegen von Einhard als die „herrlichen Paläste" neben Aachen benannt worden, die Karl seinerzeit hatte errichten lassen. So kann man Rahewin unterstellen, er habe Einhard nur angeführt, um Barbarossas Ruhm rückzubinden. Das ganze 86. Kapitel ist vom Vorbild der Einhard'schen Vita Karls des Großen geprägt. Text allein also, um Prosa als solche zu entlarven. Aber nein – Archäologie stützt die Historiographie, Texte werden mit Fakten gesichert!

### QUELLEN

Annales Laureshamenses, hg. von Georg Heinrich Pertz, in: MGH Scriptores 1, 1826. Nachdruck 1976, S. 22–39, bes. S. 33.

Annales Mosellani, hg. von Johann Martin Lappenberg, in: MGH Scriptores 16, 1859. Nachdruck 1994, S. 491–499, bes. S. 497.

Annales Nazariani, hg. von Georg Henrich Pertz, in: MGH Scriptores 1, 1829. Nachdruck 1976, S. 41–44, bes. S. 44.

Annales qui dicuntur Einhardi ad a. 788, in: Friedrich Kurze (Hg.): *Annales regni Francorum inde ab a. 741 usque ad a. 829, qui dicuntur Annales Laurissenses maiores et Einhardi, ad a. 806*, MGH Scriptores rerum Germanicarum in usum scholarum separatim editi, 1895, Nachdruck 1950. Deutsche Übersetzung: Reinhold Rau (Hg.): *Quellen zur karolingischen Reichsgeschichte 1*, Ausgewählte Quellen zur deutschen Geschichte des Mittelalters – Freiherr vom Stein-Gedächtnisausgabe 5, Darmstadt 1974, S. 10–71 (Zusätze zu den Reichsannalen), bes. S. 81/83.

Annales regni Francorum, in: Friedrich Kurze (Hg.): *Annales regni Francorum inde ab a. 741 usque ad a. 829, qui dicuntur Annales Laurissenses maiores et Einhardi, ad a. 806*, MGH Scriptores rerum Germanicarum in usum scholarum separatim editi 1895, Nachdruck 1950. Deutsche Übersetzung: Reinhold Rau (Hg.): *Quellen zur karolingischen Reichsgeschichte 1*, Ausgewählte Quellen zur deutschen Geschichte des Mittelalters – Freiherr vom Stein-Gedächtnisausgabe 5, Darmstadt 1974, S. 10–155, bes. ad a. 774 S. 40 u. ad a. 787 S. 78/80, S. 80/82.

Astronomus, Vita Hludowici imperatoris, in: Ernst Tremp (Hg.): *Theganus, Die Taten Kaiser Ludwigs (Gesta Hludowici imperatoris), und Astronomus, Das Leben Kaiser Ludwigs (Vita Hludowici imperatoris)*, MGH Scriptores rerum Germanicarum in usum scholarum separatim editi 64, 1995, S. 279–555. Deutsche Übersetzung: Reinhold Rau (Hg.): *Quellen zur karolingischen Reichsgeschichte 1*, Ausgewählte Quellen zur deutschen Geschichte des Mittelalters – Freiherr vom Stein-Gedächtnisausgabe 5, Darmstadt 1974, S. 258–381, bes. S. 300/301.

Chronicon Moissiacense, hg. von Georg Heinrich Pertz, in: MGH Scriptores 1, 1826. Nachdruck 1976, S. 280–313, bes. S. 298.

Einhardi Vita Karoli Magni = Oswald Holder-Egger (Hg.): *Einhardi Vita Karoli Magni*, MGH Scriptores rerum Germanicarum [25], 1911, Nachdruck 1965. Deutsche Übersetzung: Reinhold Rau (Hg.): *Quellen* zur karolingischen Reichsgeschichte 1, Ausgewählte Quellen zur deutschen Geschichte des Mittelalters – Freiherr vom Stein-Gedächtnisausgabe 5, Darmstadt 1974, S. 164–211.

Ermoldus Nigellus = Ernst Dümmler (Hg.): *Ermoldus Nigellus, In honorem Hludowici*, Monumenta Germaniae Historica, Poetae Latini medii aevi 2, 1884, S. 5–79, bes. S. 65 f. Deutsche Übersetzung: T. G. Pfund, *Ermoldus Nigellus Lobgedicht auf Kaiser Ludwig und Elegien an König Pippin*, Die Geschichtschreiber der Deutschen Vorzeit, 9. Jahrhundert, Bd. 3, Berlin 1856.

Mühlbacher 1906 = Engelbert Mühlbacher u.a. (Hg.): *Diplomata Karolinorum, tom 1. Die Urkunden Pippins, Karlmanns und Karls des Großen (Pippini, Carlomanni, Caroli Magni Diplomata)*, 1906. Nachdruck 1979, bes. Nr. 160, Nr. 206.

Otto von Freising und Rahewin, Gesta Friderici = Georg Waitz und Bernhard von Simson (Hg.): *Ottonis et Rahewini Gesta Friderici I. imperatoris*, MGH Scriptores rerum Germanicarum in usum scholarum separatim editi, 1912. Nachdruck 1978. Deutsche Übersetzung: Franz-Josef Schmale (Hg.): *Otto von Freising und Rahewin, Die Taten Friedrichs oder richtiger Cronica, übersetzt von Adolf Schmidt*, Ausgewählte Quellen zur deutschen Geschichte des Mittelalters – Freiherr vom Stein-Gedächtnisausgabe 17, Darmstadt ³1965.

Regesta Imperii I. Die Regesten des Kaiserreiches unter den Karolingern 751–918. Neubearb. von Engelbert Mühlbacher, vollendet von Johannes Lechner. Innsbruck ²1908, Nr. 169a, Nr. 292a, Nr. 293, Nr. 311c, Nr. 429or.

## LITERATUR

Becher, Matthias: *Karl der Große*, München 5. Auflage 2007.

Ehlers, Caspar/Grewe, Ristow Sebastian: *Eine archäologisch entdeckte, bisher unbekannte Taufpiscina in Ingelheim. Perspektiven zur Erforschung der Dualität königlicher und bischöflicher Siedlungstätigkeit im Frühmittelalter*, in: Rechtsgeschichte, 20, 2013, S. 285–290.

Favier, Jean: *Charlemagne*, Paris 2002.

Fried, Johannes: *Karl der Große. Gewalt und Glaube*, München 2013.

Grewe, Holger: Visualisierung von Herrschaft in der Architektur. Die Pfalz Ingelheim als Bedeutungsträger im 12. und 13. Jahrhundert, in: Stefan Weinfurter u.a. (Hg.), Staufisches Kaisertum im 12. Jahrhundert. Konzepte – Netzwerke – Politische Praxis, 2010, S. 383–404.

Grewe, Holger: *Pfalzen Karls des Großen*, in: Stiftung Deutsches Historisches Museum (Hg.): Kaiser und Kalifen. Karl der Große und die Mächte am Mittelmeer um 800, 2014, S. 158–181.

Hägermann, Dieter: *Karl der Große. Herrscher des Abendlandes*, München 2003.

Hartmann, Wilfried: *Karl der Große*, Stuttgart 2010.

Kerner Max: *Karl der Große, ein Mythos wird entschleiert*, Düsseldorf 2004.

Lammers, Walter: *Ein karolingisches Bildprogramm in der Aula regia von Ingelheim*, in: Festschrift für Hermann Heimpel zum 70. Geburtstag am 19. September 1971, 3 Bde. Göttingen 1972, hier Bd. 3, S. 226–289.

McKitterick, Rosamond: *Karl der Große*, Darmstadt 2008.

Padberg, Lutz E. von: *Das christliche Königtum aus der Sicht der angelsächsischen Missionsschule*, in: Franz-Reiner Erkens (Hg.): Das frühmittelalterliche Königtum. Ideelle und religiöse Grundlagen, Berlin 2005, S. 190–213.

Schieffer, Rudolf: *Die Karolinger*, Stuttgart 3. Aufl. 2000.

Schieffer, Rudolf: *Christianisierung und Reichsbildungen. Europa 700–1200*, München 2013.

Schmitz, Hans: *Pfalz und Fiskus Ingelheim*, Marburg 1974.

Störmer, Wilhelm (Hg.): *Franken von der Völkerwanderungszeit bis 1268*, München 1999.

Weinfurter, Stefan: *Karl der Große. Der heilige Barbar*. München 2013.

Weise, Georg: *Zwei fränkische Königspfalzen, Bericht über die an den Pfalzen zu Quierzy und Samoussy vorgenommenen Grabungen*, Tübingen 1923.

# II | SPURENSUCHE IN DER KAISERPFALZ

Modellrekonstruktion der Pfalz Karls des Großen, Detail: Aula regia

*Holger Grewe*

# ARCHÄOLOGIE DER ARCHITEKTUR

## EINLEITUNG

Der Bestand an erhaltenen frühmittelalterlichen Bauten, von denen zumindest Teile noch heute aufrecht stehen, ist äußerst rar. Sowohl in Hinsicht auf ihre ehedem vorhandene Zahl als auch im Vergleich zu den Architekturresten einzelner voraufgehender und der nachfolgenden Zeitalter nimmt sich der Bestand gering aus. Was für die Gesamtheit der funktionalen Gattungen gilt, trifft nun gewiss auf die Pfalzen zu, die dem Aufenthalt und der Regierung des Königs in Zeiten einer ambulanten Herrschaftspraxis dienten. Die Namen dieser Orte sind aus den Ausfertigungsvermerken unter Diplomen und Urkunden ebenso ablesbar wie aus mehreren Chroniken mit ihren Hinweisen auf Hoftage, Reichsversammlungen, Herrschertreffen, ganz allgemeinen königlichem Aufenthalt und den Reisewegen (Ehlers 2002, Zotz 2001). Doch vielerorts gelingt nicht einmal die Lokalisierung der Pfalzanlagen, noch seltener ist der systematische archäologisch-bauhistorische Nachweis. So kommt es, dass von den Pfalzen im Großreich Karls des Großen heute nur ein Bruchteil hinsichtlich ihrer baulichen Beschaffenheit wissenschaftlich rekonstruiert werden kann. Von den Palästen der langobardischen Herrscher in Pavia, Ravenna, Salerno sind außer von Sakralbauten keine stehenden oder archäologisch zuverlässig dokumentierten Reste erhalten, das Quartier Karls des Großen im bayerischen Machtzentrum Regensburg ist nur spekulativ verortet, die neustrischen Pfalzen (Neustrien war der westliche Teil des Fränkischen Reiches, heute im Nordwesten Frankreichs gelegen) sind im Wesentlichen nur durch Altgrabungen bekannt, deren Datierungsansätze aus der Verknüpfung mit dem Schriftquellenbefund resultieren. Wichtige Pfalzorte in Rheinfranken wie das vor 790 häufig besuchte Worms sind nicht lokalisiert, der von Einhard erwähnte Palast in Nimwegen vermutlich bis in die Fundamente zerstört.

Immerhin bieten Aachen und Ingelheim, auch Paderborn und vielleicht das in seiner Zuweisung an Karl den Großen allerdings strittig diskutierte Ensemble auf dem Römerberg in Frankfurt am Main Einblicke und Einsichten in die Bauformen. Wiederkehrende Baumuster sind nicht zu identifizieren, von einem typischen Erscheinungsbild, einer typischen Lage, Größe oder Bauausstattung kann keine Rede sein. Zu gering ist dieser Denkmalbestand, als dass vergleichende Forschung die Gattung der Königspfalzen in sich oder ihre Abgrenzung gegenüber Adelssitzen, Bischofspfalzen oder den Repräsentativbauten bei Klöstern qualifiziert beschreiben könnte.

## SPUREN IM SAALGEBIET

Im Saal von Ingelheim am Rhein liegen die Reste jener Pfalz, deren Gründung der fränkische Gelehrte Einhard als hervorragende Schöpfung Karls des Großen gerühmt hat und in dessen Nachfolge sie mit Unterbrechungen bis zur Mitte des 14. Jahrhunderts als Königsaufenthaltsort in Nutzung stand. Im Unterschied zu einer Vielzahl anderer Pfalzen aus frühmittelalterlicher Wurzel bestand über die Lage der Ingelheimer Pfalz kein Zweifel: Der Universalgelehrte Sebastian Münster hat seinem Geburtsort Nieder-Ingelheim ein Kapitel der ab 1544 in mehr als 50 Auflagen erschienenen „Cosmographia" gewidmet, die eine ungemein detailreiche und sowohl bautopographische als auch historische Ortsbeschreibung enthält. Heute sind die Reste dieser Architektur, die selbst an den Maßstäben unserer Gegenwart gemessen als ausgesprochener Großbau gelten würde, entweder völlig im Boden verschwunden oder in der kleinteiligen Überformung einer ursprünglich ländlichen Siedlung aufgegangen. (Tafel 3, S. 55). Die Dokumentation ihrer Reste, die Bestimmung ihrer Form, Datierung und Bauabfolge sind Aufgabe der Archäologie, die seit dem ersten Spatenstich 1909 zahlreiche Entdeckungen im Bodenarchiv tätigen und Fundmaterial bergen konnte, das mittlerweile ein geräumiges Depot füllt. Seit 15 Jahren erfährt die Bodenforschung besondere Förderung durch die konzeptionelle Verschränkung mit einer städtebaulichen Sanierung und einem

Abb. 1 | Digitale Rekonstruktion des Nordflügels, Ansicht von Nordwesten

Denkmalpflegekonzept, das auf die dauerhafte Freilegung ausgewählter Baureste zielt. Heute vermitteln sich beim Durchstreifen des Pfalzareals wieder Anschaulichkeit und Einblicke in die 1200-jährige Geschichte (Tafel 10, S. 59).

Die folgenden Ausführungen sind bildlich gesprochen eine Spurensuche nach dem materiellen Befund der Palastanlage Karls des Großen, deren Niederschlag im literarischen Befund der Schriftquellen Caspar Ehlers im vorgehenden Beitrag vorangestellt hat.

## DER NORDTRAKT UND DIE HÖFE

Die Lage der Pfalz auf einer Hangterrasse am Nordabhang des Rheinhessischen Plateaus (Mainzer Berg) zum Rheingraben verlieh der Architektur eine hervorragende Sichtbarkeit und Fernwirkung. Vom Rhein aus betrachtet war die Pfalzanlage eine auffällige Landmarke, aber auch von der Pfalz aus bot sich ein eindrucksvoller Blick über den Strom sowie in den Rheingau und Taunus. Auf dieser Hangterrasse war der Nordflügel auf einer Breite von 75 m an den Rand der natürlichen Hangkante gerückt (Abb. 1). Seine innere Raumteilung gliedert sich in eine Abfolge von sechs bis acht Sälen von verschiedener Breite, aber immer derselben Raumtiefe von 11,5 m. Funktionsanzeigende Befunde fehlen, von der Bauausstattung sind wenige Wandputzreste erhalten (rote Ranken auf weißem Grund). Die Säle wurden hofseitig von einem Säulengang her erschlossen, der dem Nordflügel in der Sicht vom Innenhof her ein antikisierendes Erscheinungsbild verlieh. Der Nordflügel wurde um das Jahr 800 als ein Bestandteil der Pfalzgründung Karls des Großen errichtet. Der dem Planideal nach symmetrische Grundriss ist aus zwei einfachen geometrischen Formen zusammengesetzt: einem Quadrat und einem Halbkreis (Tafel 20, S. 64). Die vier Seiten des Quadrats werden von untereinander verbundenen Gebäudegruppen gebildet. Die westliche

Abb. 2 | Rekonstruktionsmodell der Pfalz Ingelheim im Bauzustand um 800 nach H. Grewe, Stand: 2005

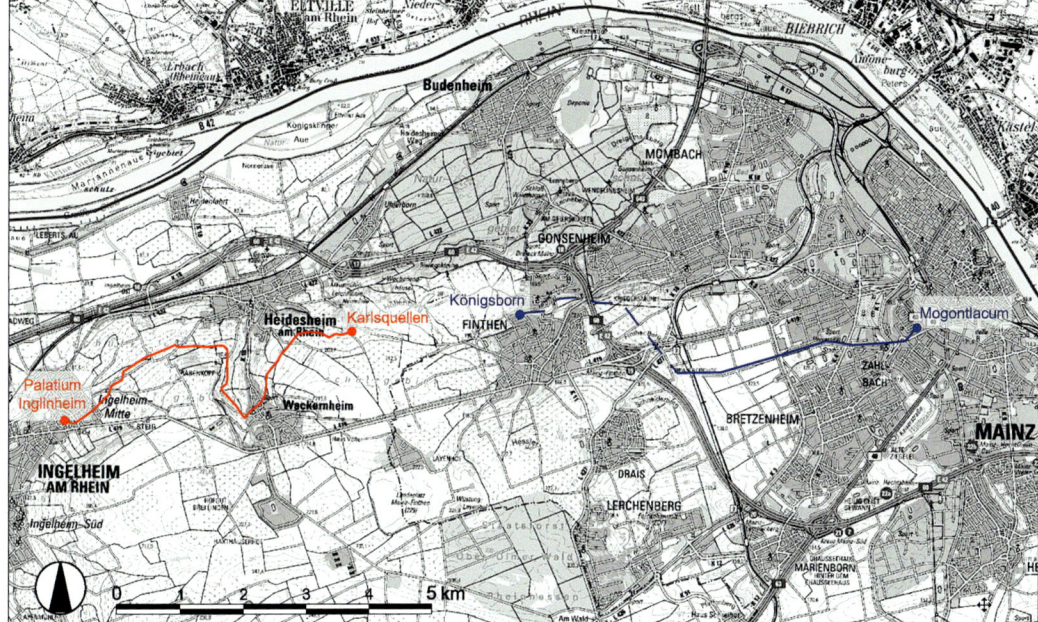

Abb. 3 | Verlaufskarte der Fernwasserleitung vom Quellgebiet „Karlsquelle" zur Kaiserpfalz, Kartierung: P. Haupt

Seite ist aus der Aula regia, ihrer Vorhalle und einem offenen Vorhof zusammengesetzt. Die nördliche Seite besteht aus einem 60,5 m langen Gebäuderiegel und einem Querbau, der markant aus der nördlichen Baulinie hervortritt. Dieser Komplex wird als Nordflügel bezeichnet. Ob die Südseite des Quadrats schon in karolingischer Zeit eine geschlossene Bauweise erhielt, ist eine offene Frage, zu deren Beantwortung weitere Ausgrabungen erforderlich sind. Spätestens im 10. Jahrhundert wurde aber auch dort Geschlossenheit hergestellt, indem die Saalkirche die Baulinie zwischen der halbkreisförmigen Exedra und dem kleinen karolingischen Apsidenbau schloss (Apside = halbkreisförmiger Gebäudeabschluss). Die westliche Seite des Quadrats im Inneren der Pfalz war möglicherweise immer geöffnet, um den halbmondförmigen Säulenhof innen vor der Exedra (= Halbkreisbau) optisch zu betonen.

Das dominante Merkmal des Ingelheimer Bauplans sind die Innenhöfe. Von der Grundform her verschieden, war ihre architektonische Gestaltung und Ausstattung jedoch ähnlich: Auf der Innenseite der Exedra ist ein Säulengang klassischer Ordnung nachgewiesen, der bei gleichen Dimensionen auch am Nordflügel existierte. Wiederverwendete kostbare römische Säulen und Kapitelle verliehen diesen Gängen und damit den Höfen, deren Rahmung sie waren, ein antikisierendes Erscheinungsbild. Worin aber die Funktion dieser Höfe bestand, kann aus Mangel an Quellen zu Ritual und Zeremoniell nur vermutet werden. Vielleicht erfüllten sie für das höfische Protokoll eine wichtige Funktion, zum Beispiel als repräsentativer Freiraum beim Empfang von Gesandtschaften oder für Feste? Im Zentrum des großen Quadrathofes der Ingelheimer Pfalz scheint ein Tiefbrunnen angelegt worden zu sein. Eine archäologische Datierung liegt nicht vor, doch macht seine Lage im Zentrum der Symmetrieachsen des Quadrats und auf der ostwestlichen Zentralachse der gesamten Pfalzanlage die besondere Betonung des geometrischen Bauplans der Karolingerpfalz deutlich.

Die Frage nach der Nutzung der Höfe und nach ihrer Gestaltung ist vorläufig nur spekulativ zu beantworten. Es ist hingegen eine gesicherte Erkenntnis, dass halbkreisförmige, quadratische oder rechteckige Höfe in der antiken Villen- und Palastarchitektur ihren festen Platz hatten. Insofern waren die Innenhöfe weitere Anknüpfungspunkte an vorbildgebende antike Bauideen, ganz ähnlich wie die Übernahme einzelner Gebäudeformen und wie der ausgiebige Spoliengebrauch (Abb. 2).

## DIE FERNWASSERVERSORGUNG

An die Innenseite des Nordflügels schließt ein tief liegendes Wasserbecken in Rechteckform an, das als Reinigungsbauwerk einer aufwändigen Frischwasserversorgung diente. Die Speisung des Bassins erfolgte mittels einer Fernwasserleitung, die qualitätsvolles Trinkwasser aus dem Quellgebiet „Karlsquelle" bei Heidesheim in die Pfalz führte. Hierzu war ein 6,8 km langer Kanal erforderlich, der vollständig unterirdisch verlief (Abb. 3) (Haupt 2007). Die gemauerte Konstruktion war von einem Gewölbe überdeckt und bildete innen eine 40 cm breite Rinne aus, die durch einen hydraulischen Spezialmörtel (*Opus signinum*) abgedichtet war (Abb. 4). Ein anderer Zweig dieser Fernwasserversorgung verläuft außen um den Halbkreisbau herum. Er konnte dort in den Fundamenten der Rundtürme nachgewiesen werden (Abb. 5). Die Einspeisung erfolgte auf

Abb. 4 | Fernwasserleitung bei der archäologischen Untersuchung im Ortsgebiet Wackernheim, Bachwiese

der Südostseite, von wo es über im Einzelnen noch nicht nachgewiesene Wasserschlösser, Unterverteilungen und Klärbecken den Abnahmestellen zugeführt wurde, unter anderem den kreisrunden Türmen vor der Fassade des exedraartigen Halbkreisbaus. Parallelen sind zu Trier zu ziehen, dessen antike Fernwasserversorgung aus der aufgestauten Ruwer über eine ca. 13 km lange gemauerte und gewölbte Gefälleleitung mit Aquäduktbrücken in den Grundzügen erforscht ist. Noch aufwändigere Leitungssysteme sind bei Metz und Köln in noch heute beeindruckenden Resten überliefert. Ein Seitenblick auf die Verhältnisse in Mainz vermag an dieser Stelle weiteren Aufschluss zu bieten. Die vermutlich in vespasianischer Zeit an Stelle einer älteren hölzernen Konstruktion in Steinbauweise errichtete Wasserleitung zur Versorgung des Legionslagers auf dem Kästrich wurde aus dem Königsborn in Mainz-Finthen gespeist (Pelgen 2004). Die circa 7 km lange Trasse ist auf längeren Abschnitten über Aquäduktkonstruktionen an die Südwestecke des Lagers herangeführt worden, wo sich vorläufig die gesicherten Fundpunkte verlieren. Am Ort der Zahlbachtal-Querung ist eine bis auf den heutigen Tag eindrucksvoll wirkende Reihe von Aquäduktpfeilern bis zu einer Höhe von 7 m erhalten. Bedenkt man nun, dass das Quellgebiet Königsborn der antiken Leitung und die Karlsquellen bei Heidesheim, der Ursprung der karolingischen Wasserleitung, nur circa 2 km Luftlinie voneinander entfernt liegen, wird zweifelsfrei klar, dass die antike Leitung als zwar wahrscheinlich nicht mehr funktionsfähiges, aber sichtbares Anschauungsobjekt dienen konnte, das messtechnisch und vielleicht experimentell erkundbar neben die literarisch verbürgte Befassung mit der Architekturlehre des Vitruv (Vitruvius Pollio, De architecturam libri decem) trat (Binding 1996). Für unsere Kenntnis über die Aneignung antiker Baukultur in der Karolingerzeit ist der Befund daher von zentraler Bedeutung (Nussbaum 2008).

## DIE KÖNIGSHALLE (Aula regia)

Rechtwinklig zum Nordflügel stehend war am westlichen Rand des großen Innenhofs die Aula regia angeordnet. Der Apsidensaal misst 16,5 x 40,5 m, die Traufhöhe lag – rekonstruktiv ermittelt – bei ca. 13,5 m (Abb. 6). Der Bau umschloss also das größte Innenraumvolumen aller Pfalzgebäude, das

Abb. 5 | Ausgrabung am Heidesheimer Tor, Turm 3 bei Freilegung der Wasserleitung

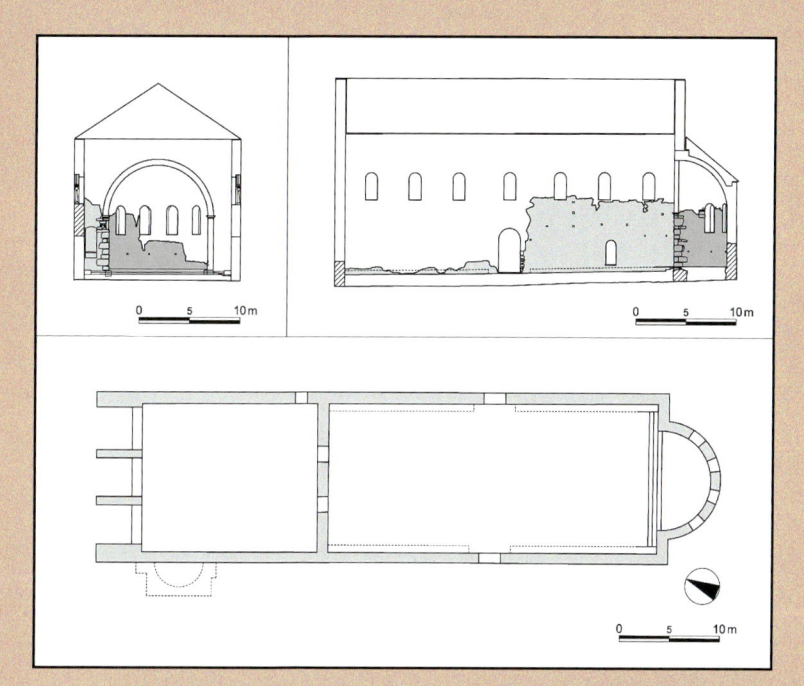

Abb. 6 | Aula regia, Bestandsaufnahme. Schnitte und Grundriss nach Weimann 1973

Abb. 7 | Digitale Rekonstruktion der Aula regia, Innenansichten in die Apsis (l.) und zur Eingangsseite (r.)

Archäologie der Architektur | 35

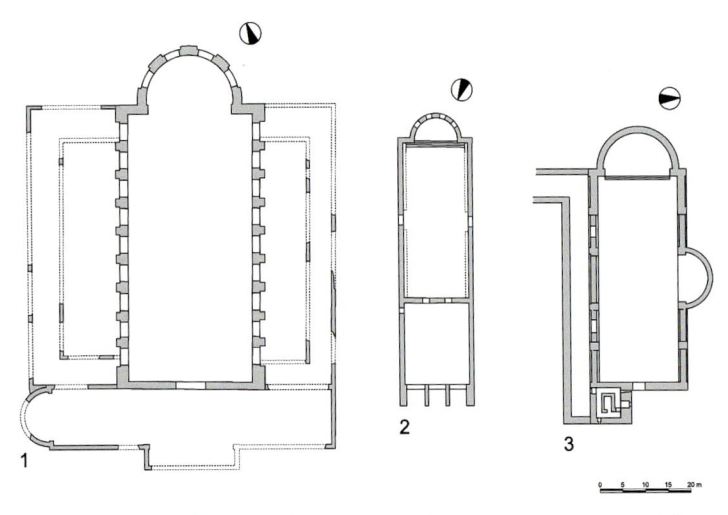

Abb. 8 | Vergleich (maßstabsgerecht) der Apsidensäle von Trier (1), Ingelheim (2) und Aachen (3), Stand: 2014

weder vertikal durch Geschossebenen noch horizontal durch eine drei- oder mehrschiffige Binnengliederung unterteilt war. Die leicht eingezogene halbrunde Apsis hatte ein erhöhtes Bodenniveau, das über eine im Befund nachgewiesene Treppe mit drei Steigungen zu je 0,25 m betreten wurde. Die hier außerordentlich gute Mauerwerkserhaltung lässt eine Belichtung durch vier große nebeneinanderliegende Fenster erkennen. Gerahmt wurde die Apsis von Eckquaderungen aus spoliierten Sandsteinblöcken, deren östliche mit einer *in situ* (= Originallage) erhaltenen Kämpferplatte abschließt, die der Fußpunkt eines Apsisbogens von 4,65 m Radius war. Alle drei Merkmale formen die Südkonche (halbkreisförmiger Gebäudeabschluss) zum architektonisch am stärksten akzentuierten Ort der Aula regia, vielleicht der Pfalz insgesamt (Tafel 12, S. 60). Ihr gegenüberliegend war der Haupteingang angeordnet. Zwei 1,7 m breite Türen stellten die Verbindung zu einem Narthex (Vorhalle) mit dreischiffigem Eingangsportal her. Der verzahnte Bauverband belegt die gleichzeitige Entstehung beider Bauglieder, deren Breite und achsiale Orientierung einander entsprechen. Zwei weitere Zugänge liegen in den Langseiten exakt in der Mittelachse der Aula. 3 000 Fragmente von zum Teil mehrfarbig bemaltem Wandputz belegen keineswegs ein aufwändig komponiertes figürliches Bildprogramm, wie es Ermoldus Nigellus in einem bald nach 826 verfassten Panegyricus beschreibt (Ermoldus Nigellus, De honorem Hludovici), sondern aus den Fragmenten lassen sich geometrische Farbflächen rekonstruieren, die als illusionistische Imitation von Wandinkrustationen (Einlegearbeiten) aus farbigem Marmor interpretiert werden können (Abb. 7).

Unter den Pfalzaulen der Karolingerzeit hat der Ingelheimer Saal keine unmittelbare Entsprechung, weist aber eine entfernte Verwandtschaft zur Aula regia von Aachen auf (Abb. 8) (Lobbedey 2003). Die auf der Schmalseite angeordnete (Haupt-)Apsis und der Rechtecksaal zeigen Übereinstimmungen, während das Motiv der Nebenapsiden die Aachener Aula in die Nähe der Trikonchien rückt. Ob Längs- oder Querschließung vorliegt, bleibt für Aachen vorerst ebenso offen wie die Frage nach Ein- oder Mehrgeschossigkeit (Ley 2014). Die Ingelheimer Aula regia verdankt jedenfalls dem Einfluss (spät-)antiker

Abb. 9 | Rekonstruktionsmodell der Pfalz Ingelheim im Bauzustand um 800 nach H. Grewe, Stand: 2005, Detail: Dreikonchenbau

Apsidensäle viel mehr als den Bauten des Frühmittelalters, soweit sich diese beim heutigen Forschungsstand im bauhistorischen Befund abzeichnen. Die Übereinstimmung besonders mit der konstantinischen Palastaula in Trier (frühes 4. Jahrhundert) erstreckt sich über die Bauform hinaus auf die Längserschließung, bei der sich Apsis und Eingänge an den Giebelseiten gegenüberliegen und auf den Narthex vor dem Hauptzugang, für dessen Anordnung und Bautypus allerdings unterschiedliche Lösungen gewählt worden sind (Fontaine 2003). Selbst die Heizräume der Hypokaustenheizung (Warmluftheizung nach römischem Vorbild) in Trier sind anscheinend in Ingelheim geplant, in Ansätzen realisiert, jedoch nie zu funktionstauglichen Boden- und Wandheizungen ausgebaut worden. Dabei wurde keineswegs die Imitation eines Architekturvorbilds ins Werk gesetzt, sondern eine ausgewählte Übernahme kennzeichnender Merkmale vollzogen, die mit neuen Elementen, etwa den symmetrisch angeordneten Seitenportalen, zu einem eigenständigen Bauprogramm entwickelt wurde, in dem sich Tradition und Innovation verbanden.

Abb. 10 | Konchenbau auf dem Saalplatz während der Ausgrabung, Montage mit Grundrissrekonstruktion

## DER KONCHENBAU

Etwa in der Mitte des Pfalzareals befinden sich die nur noch unter dem Stadtboden erhaltenen Reste eines karolingerzeitlichen Sakralbaus, der seit seiner Entdeckung 2004 formal als Dreikonchenbau (Bau mit drei halbkreisförmigen Gebäudeabschlüssen) interpretiert wird (Abb. 9). Dieser Gründungsbau eines mehrperiodigen Gebäudekomplexes besaß eine Ostapsis sowie zwei weitere halbrunde Konchen, deren Breite übereinstimmend 4,5 m im lichten Maß beträgt. Die drei Konchen stehen im rechten Winkel zueinander, angeordnet in der Weise, dass die halbrunden Fundamente direkt aneinander schließen. Innerhalb der Südkonche wurden schließlich die Reste eines Fußbodens angetroffen. Dieser Mörtelestrich lag direkt auf der planierten Oberfläche der sogenannten „Infiltrationsschicht", die im ganzen Pfalzgebiet – soweit es heute durch Untersuchungen erfasst ist – dem Gründungsniveau der Bauperiode I des späten 8. Jahrhunderts entspricht. Es handelt sich demnach möglicherweise um einen Trikonchos, dessen Form und Auftreten im westeuropäischen Frühmittelalter auf nur wenige Vertreter beschränkt ist. Allerdings lässt das Fehlen der westlichen Fortsetzung des Gebäudes, das vollständig dem Kanal- und Leitungsbau des 20. Jahrhunderts zum Opfer gefallen ist, auch den Rückschluss auf einen Vierkonchen-Zentralbau zu (Abb. 10).

Seine Deutung als Sakralbau wird über die Formkriterien hinaus durch die Tatsache untermauert, dass an seiner Stelle bei Fortnutzung der Bauflucht in Periode II ein Saalbau errichtet wurde, dessen geostete Apsis exakt über der kleineren Ostapsis von Bau I zu liegen kam (Grewe 2007). Die Ortskontinuität der Sanktuarien wurde von allen Bauten am Platz bis ins 13. Jahrhundert gewahrt.

Der Trikonchos oder Zentralbau fügt sich formal in den antikisierenden Gesamtcharakter der Pfalz um 800 ein. Das zeitgleiche Vorhandensein der größeren Remigiuskirche, seine bescheideneren Abmessungen und die mittels eines Quertrakts geschaffene Verbindung zum repräsentativen Nordflügel lassen den Rückschluss zu, dass der Bau als Kapelle der Andacht und dem Gebet, nicht aber religiös motivierten Regierungshandlungen oder den großen Festgottesdiensten gewidmet war.

## DER HALBKREISBAU

Ein Halbkreisbau mit innen liegendem Säulenhof (Peristyl) und außen vorgelagerten Rundtürmen nimmt vollständig die Ostflanke des Palastbezirks ein. Mit 89 m Durchmesser handelt es sich um einen der größten Profanbauten der Karolingerzeit. Typologisch in Nähe zu den Exedren der römischen Forumsarchitektur stehend, ist der Halbkreisbau unter den gesichert datierten Bauten des Frühmittelalters nur als Solitär zu verorten. Die Vergleichbarkeit mit den antiken Exedren, die bei kleinerer Dimension auch in der Palast- und Villenarchitektur vorkommen, ist formal jedoch auf das architektonische Grundschema beschränkt. Denn das Bauwerk kombiniert Architekturglieder unterschiedlicher Funktion. Ein Torbau, Repräsentationsräume, sechs Rundtürme und der Säulengang eines Peristylhofs sind teils einander räumlich durchdringend angeordnet. Im Bogenscheitel tritt ein Vorbau 4 m weit aus der Fassade vor, dessen gerader Abschluss von zwei Rundtürmen flankiert wird. An

Abb. 11 | Digitale Rekonstruktion des Heidesheimer Tores aus Blickrichtung Ost

dieser Stelle befand sich ein Tor von 3,5 m lichter Breite, das durch eine Pfeilerhalle in den Säulengang führte. Die trapezförmige Eingangshalle war durch Pfeiler und Pilaster in drei Schiffe und zwei Joche gegliedert. Von hier aus waren die Türme zugänglich, deren Flankenstellung nicht fortifikatorisch motiviert war, sondern die dem Tor eine stärkere Wirkung verliehen und samt diesem die Mittelachse der Pfalzanlage optisch betonten (Abb. 11).

Das archäologische Fundmaterial spiegelt die Elemente der Bauausstattung naturgemäß unvollständig wider, es entsteht keine konkrete Vorstellung vom Erscheinungsbild der Innenräume. Doch Wand- und Bodenplatten liefern den entscheidenden Hinweis auf den Ausstattungscharakter. *Porfido verde antico* und *Porfido rosso* (grüner und roter Porphyr), dazu zehn Sorten Buntmarmore stammen von Wandinkrustationen oder Schmuckfußböden in der Art des antiken *Opus sectile* (lateinisch für „geschnittenes Werk") (Abb. 12). Unzweifelhaft sollte die kostbare Ausstattung, die trotz unzureichender Kenntnis über Wert, Verfügbarkeit und Beschaffungswege im Frühmittelalter hier zu konstatieren ist, den so ausgestatteten Räumlichkeiten eine dezidiert repräsentative Wirkung verleihen. Dem Grabungsbefund nach dürfte die Kostbarkeit der Ausstattung jedoch nochmals im Peristyl gesteigert worden sein. Vor der konkaven hofseitigen Fassade lag ein 4,8 m breiter Gang, der für die Innenräume der Exedra im Erdgeschoss die Erschließungsfunktion übernahm. Eine Bodenöffnung von 1914 lieferte bereits die für die Rekonstruktion eines Säulengangs entscheidenden Indizien. In 2,5 m Abstand zu einem profilierten Eck-

Abb. 12 | Auswahl von Marmor- und Porphyrplatten eines *Opus-sectile*-Fußbodens

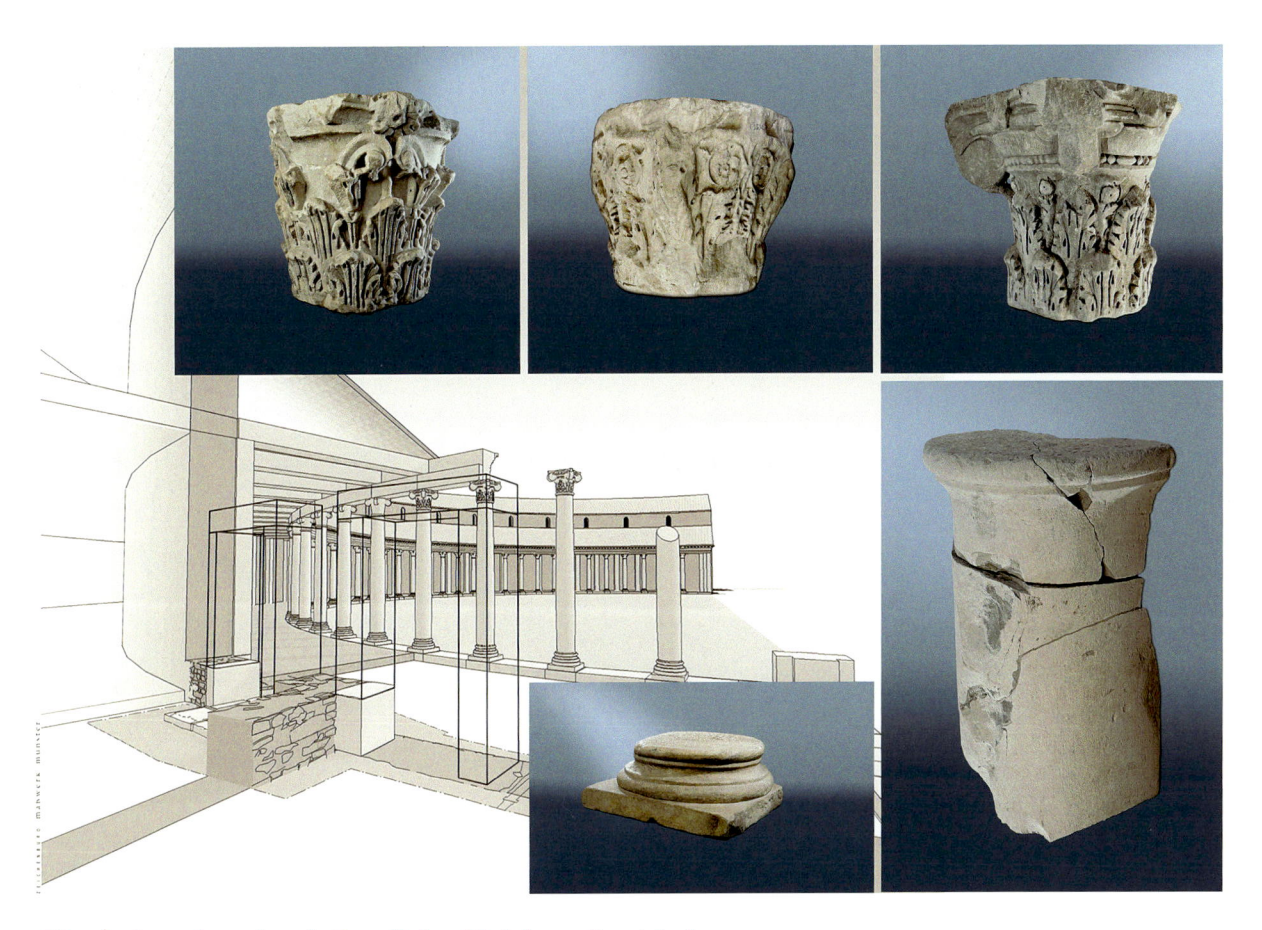

Abb. 13 | Rekonstruktionsskizze des Peristylhofs am Heidesheimer Tor mit Spolien

Abb. 14 | Digitale Rekonstruktion des Peristylhofs innen vor dem Halbkreisbau, Ansicht von Südosten

pfeiler am südlichen Gangende wurde eine marmorne Säulenbasis als Anfänger einer Säulenreihe *in situ* (= in Originallage) auf ihrem Spannfundament angetroffen (Tafel 5, S. 56). Säulenschäfte und Kapitelle wurden dort nicht mehr gefunden. Sie sind jedoch aus anderen Teilen des Pfalzareals überliefert und können in Auswahl plausibel auf den Säulengang bezogen

Archäologie der Architektur | 39

werden. Der Gesamtbestand der hier versetzten Bauskulptur umfasst Säulenschäfte aus Granit, Kalkstein und Marmor von unterschiedlicher Form und Dimension, ebenso Kapitelle von unterschiedlichem Material und mit verschiedener Stilistik: korinthisch, korinthisierend, komposit (Abb. 13). In welcher quantitativen Relation die überlieferten Stücke zum ursprünglich vorhandenen Bestand stehen, ist unbekannt. Doch deutet die ausgeprägte Varietät von Materialien und Ornamenten nicht auf homogene Werkstückensembles hin, sondern auf einen sichtbaren Variationsreichtum (vgl. Beitrag Britta Schulze-Böhm in diesem Band). Die Provenienz der Skulptur kann für einzelne Kapitelle mit stilanalytischer Methode wahrscheinlich gemacht werden, materialtechnische Reihenuntersuchungen bieten erst für die Zukunft ein hoch zu veranschlagendes Ergebnispotential. Für qualitätsvolle Stücke in gutem Erhaltungszustand, wie Komposit- und korinthisierende Kapitelle, ist die Fertigung in Italien, vielleicht Rom oder Ostia, in Werkstätten des 1.–3. Jahrhunderts wahrscheinlich (Brandenburg 2000). Zu den Transportwegen der Spolien, dem Phänomen ihrer Vermittlung über Bauwerke der Spätantike und zur Chronologie der Ereignisse sind Forschungsfragen längst formuliert, die aber derzeit nur bei überdurchschnittlich guter Überlieferungslage im Einzelfall zu beantworten sind (Binding 2007). Hier ist entscheidend, dass der Säulengang mit den spoliierten Säulenbasen und -schäften sowie Kapitellen der Exedra auf ihrer zu den übrigen Pfalzbauten hin geöffneten Innenseite ein antikisierendes Erscheinungsbild verlieh (Abb. 14). Funktional verband der Gang den inneren Hof mit Pfeilerhalle und Tor und erschloss die Räume. Die Zugänge selbst sind an drei Stellen archäologisch gefasst. In einer Schwelle fand eine Quaderspolie mit Inschrift Verwendung, die nach oben gewendet, also sichtbar vermauert ist. Radial verlaufende Mauern trennten die Innenräume ab, deren Breite hofseitig gemessen zwischen 3 m und 10 m variierte. Ob die in Längsrichtung 11,5 m tiefen Räume eine Binnengliederung besaßen, ist offen. Anzeiger dafür fehlen, doch das archäologische Flächenraster ist lückenhaft. Zumindest fünf Räume weisen einen Zugang zu den auffälligen Rundtürmen auf, die mittels Halsmauern aus der Außenfassade vorsprangen. Ihre Zweckbestimmung ist vorläufig nicht geklärt. Hingegen ist evident, dass sie das gesamte Erscheinungsbild der Pfalz maßgeblich beeinflussten. Assoziationen zu Städten und Militärlagern, Palästen und Villen, selbst Landgütern stellen sich ein. Sie alle stammen aus der Antike oder Spätantike und behielten vielerorts nachweislich ihr Erscheinungsbild bis ins Hochmittelalter (Clemens 2003). An den Bauten der Karolingerzeit ist Vergleichbares nicht zu finden.

## AUSWERTUNG UND VERGLEICH

Aachen, Ingelheim und Paderborn sind diejenigen Plätze, die, durch Überlieferungszufall und Forschungsstand selektiert, vorläufig am besten dazu geeignet sind, die Pfalzen Karls des Großen im Grabungs- und Baubefund zu beschreiben (Abb. 15). Geographisch unterscheidet Paderborn die Lage auf neuem Reichsgebiet, das erst nach Errichtung der Pfalzbauten befriedet und sukzessive erschlossen wurde. Die Pfalz bildete den Kern der 776 erstmals erwähnten, stark befestigten *Urbs Caroli*. An ihrer Nordflanke über den Paderquellen wurden eine Aula und eine Pfalzkirche in direkter Nachbarschaft, jedoch ohne gemeinsame Baufluchten errichtet (Gai/Mecke 2004). Die Aula war ein einfacher langrechteckiger Sockelgeschossbau, dessen Zugänge auf einen freien Platz vor der Kirche führten. Nach kriegerischen Zerstörungen wurde der Sakralbau der Gründungsperiode von 776 durch eine dreischiffige Basilika vielleicht mit dreiapsidialem Schluss ersetzt (Weihe 799). Von aufwändigen Farbfassungen einiger Innenräume abgesehen zeichnet sich im Fundniederschlag keine kostbare Bauausstattung oder Spolienverwendung ab. Größe und Monumentalität der Architektur waren hier vielleicht wirksamere Zeichen als antikisierende Raumausstattung, wie zum Beispiel in Ingelheim.

Erwartungsgemäß unterscheiden sich die Bauprogramme dem geopolitischen Kontext nach deutlich voneinander. Politische Intention und bauliche Form stehen offenbar in kausalem Bezug. Aachen und Ingelheim lagen in der alten Francia in einer römisch geprägten Kulturlandschaft, die in der Regierungszeit Karls des Großen zu einer Kernzone des Fränkischen Reiches wurde. Sie wurden in Nachbarschaft zu spätantiken Bischofsstädten gegründet, die zur selben Zeit ausgebaut wurden und zu Metropolitansitzen aufstiegen. Neben gewissen Übereinstimmungen ihrer Bauprogramme sind vor allem signifikante Unterschiede zu konstatieren. An erster Stelle ist auf die Sakralbauten hinzuweisen, deren Form, Maß und Lage gänzlich abweichende Nutzungskonzepte zu Grunde liegen. Die Marienkapelle ist doppelgeschossig, für die Zentralbauform vergleichsweise geräumig und durch die räumliche Verbindung zu Annexbauten und dem großen Atrium selbst für Synoden dienstbar zu machen. Demgegenüber findet sich im Bauverband der Pfalz Ingelheim nur eine Kleinkirche, vermutlich ein trikonchialer Bau (Bau mit drei halbrunden Apsiden), der die herrschaftliche Andachts- und Gebetskapelle gewesen sein dürfte. Der Sakraltopographie liegt eine völlig andere, historisch gewachsene Konzeption zu Grunde, denn als Hauptkirche diente bis ins 10. Jahrhundert die 400 m entfernt gelegene St.-Remigiuskirche, die Bestandteil der merowingerzeitlichen Siedlungsurzelle Ingelheims war (Ehlers/Grewe/Ristow 2013). Während im Aachener Bauplan die Dicho-

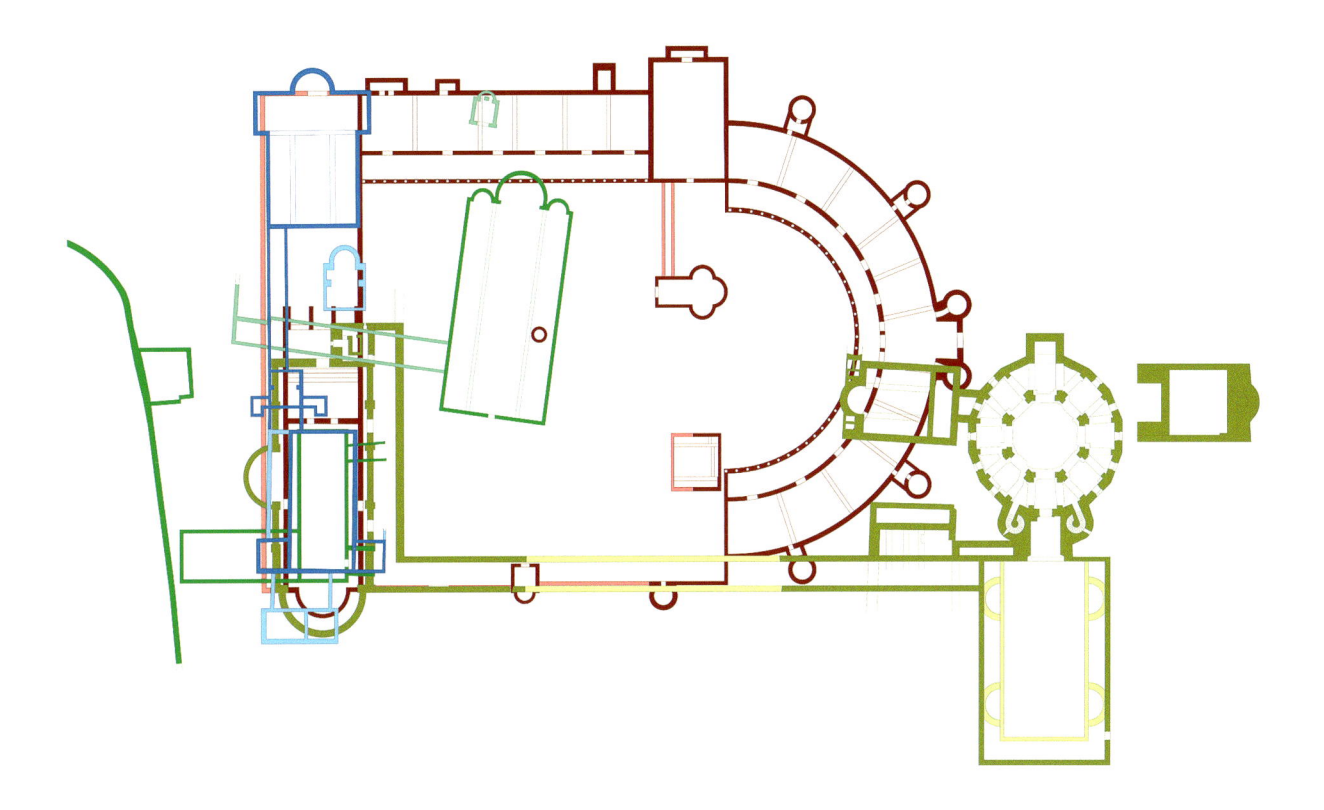

Abb. 15 | Grundrissüberlagerung der Pfalzen Ingelheim (rot), Aachen (oliv), Paderborn (grün) und Frankfurt am Main (blau)

tomie von Königshalle und Sakralbau an den Endpunkten einer Zentralachse das dominante Ordnungsschema bildet, tritt in Ingelheim ein profan gewidmetes Ensemble neben den bestehenden Sakralbezirk um St. Remigius.

Achs- und Flügelbauweise bedingen ganz eigene Gebäudeanordnungen, die in Ingelheim zur Ausbildung großer Innenhöfe führte. Ihre Einfassung durch Säulengänge und die aufwändige Halbkreisform des Exedrahofs akzentuieren diese Flächen, die gleichgewichtig wie die Bauglieder das Gesamterscheinungsbild prägten. Dadurch erhielt das Bauensemble eine antike Anmutung, die römischen *Foren*, *Palatiae* und *Villae* ähnlich war. Die Häufigkeit der Verwendung von Kreis- und Halbkreisformen im Grundriss der Bauten und das Streben nach Größe und Bauvolumen unterstreichen diese Wirkungsabsicht. Analog zu den Gesamtanlagen spiegeln die Aulen unterschiedliche Konzepte wieder. Die seitlich angeordnete Nebenapside der Aachener Halle ist mit der trikonchialen Bauform im Lateranpalast Leos III. verwandt, die ihrerseits Bezüge zum oströmischen Kaiserpalast aufwies (Luchterhandt 2006). Doppelgeschossigkeit könnte in Aachen vorgelegen haben, während der Ingelheimer Bau sicher eingeschossig war. Gemeinsam ist den Bauplänen ein zu Grunde liegendes Bezugssystem, das kulturelle Einflüsse aus allen Teilen des fränkischen Reiches, Roms und im Falle Aachens auch Konstantinopels rezipiert und in einer innovativen Architektursprache zum Ausdruck bringt (Grewe 2014).

## ZUSAMMENFASSUNG

Die kurze Beschreibung der Ingelheimer Pfalz hat bereits deutlich werden lassen, dass die Gebäudeformen in der Tradition antiker und spätantiker Baukultur stehen. Sie wurden motivisch übernommen, aber gestalterisch und funktional variiert und schließlich dem Primat des symmetrischen Grundrasters der Gesamtanlage unterworfen. Insofern ist der Vorgang seinem Wesen nach klar von der Architekturkopie zu scheiden. Neben der Anregung durch Gebäudeformen hat zweitens das Beispiel der Fernwasserleitung gezeigt, dass sich die Rezeption darüber hinaus in der Aneignung römischer Bautechnik dokumentiert. Dabei war die Planung der Fernleitung technisch höchst anspruchsvoll, zudem waren Bau und Betrieb besonders aufwändig, und das Projekt war von daher vielleicht singulär. Drittens werden die Einflüsse der römischen (Bau-)Kunst an der umfangreichen Spoliierung von Bauskulptur ablesbar. Die am Ort gefundenen oder sicher zuweisbaren Stücke lassen die Wertschätzung kostbarer Materialien, komplizierter Formen und künstlerischer Qualität erkennen. Es ist durchaus wahrscheinlich, dass einige Kapitelle schon in der Antike weit verhandelte, vielleicht aus Mittelitalien nach Trier und in andere Städte mit großen öffentlichen Bauten vermittelte Pretiosen waren (Köln, Mainz u. a.). Diese haben entscheidenden Anteil an den Vermittlungsvorgängen gehabt: Ihre Gebäude waren Anschauungsobjekte zur Herausbildung formaler und funktionaler Leitmotive und darüber hinaus die Herkunftsorte von kostbarem Baumaterial. Aber es sind nicht die antiken Städte und ihre überlieferten Paläste, in denen der karolingische Hof um 800 heimisch wurde, sondern Neuschöpfungen, die aus einem Geflecht kultureller Einflüsse und Rückbezüge an neuen Plätzen mit unspezifischer siedlungsgeschichtlicher Vorprägung hervorgegangen sind.

Im Unterschied zur Merowingerzeit wurden ganz bevorzugt neue Herrschaftsorte und -paläste errichtet, die zum Beispiel quer zu einem bestehenden Siedlungsraster (Aachen), in Höhenlage über der antiken Stadt (Nimwegen) oder im räumlichen Kontext einer frühmittelalterlichen Siedlung vor den Toren der Bischofsstadt Mainz lagen (Ingelheim am Rhein). Stets wurden überlieferte Elemente in Kombination mit zeitgenössischen Bauformen angewendet. Ein Merkmal der Aneignungsprozesse karolingischer Architektur ist die Innovationsfreude, die ihren Ausdruck in der Kombination unterschiedlicher Formen, Stile und Funktionen fand (Meckseper 1999). Sowohl die reine Architekturkopie wie auch die Einheitlichkeit von Form und Stil skulpturaler Ensembles lassen sich weder in den hier angeführten Beispielen noch überhaupt als ein Kennzeichen karolingischer Baukunst finden. Allerdings muss betont werden, dass die Vermittlungsfunktion der *Municipien* und *Coloniae* (römische Städte und Siedlungen) im räumlichen Umfeld karolingerzeitlicher Bauplätze nicht ausreicht, die Pluralität der auf die Architektur des 8. und 9. Jahrhunderts einwirkenden Einflüsse vollständig zu erklären. In zahlreichen Studien zu den maßgeblichen Beispielen der Frühmittelalterarchitektur, etwa der vorerwähnten Marienkapelle der Pfalz Aachen, ist die weite Verzweigung der Einflüsse in räumlicher und zeitlicher Hinsicht herausgearbeitet worden (Untermann 1989, Heckner 2012). Byzantinische, stadtrömische und ravennatische Einflüsse, teils direkt überliefert, teils durch Transformationsprozesse zum Beispiel im langobardischen Reich vermittelt, sind durch die bauvergleichenden Untersuchungen nachgewiesen worden, gelegentlich ergänzt und erhellt durch die wenigen literarischen Quellen.

Der Rezeptionsprozess erschöpfte sich demnach nicht in Aneignung und Fortnutzung, sondern bildete den Ausgangspunkt einer neu gebauten, mit spezifischen Wirkungsabsichten ausgestatteten Umwelt an den neuen Orten der Macht im Karolingerreich. Ein Kronzeugnis dieser Entwicklung sind die Reste der Kaiserpfalz Karls des Großen in Ingelheim.

## QUELLEN

Einhard: *Vita Karoli magni*. Text und Übersetzung zitiert nach: Quellen zur karolingischen Reichsgeschichte, Darmstadt 1987/2008 (= Freiherr vom Stein-Gedächtnisausgabe), S. 186, 187.

Münster, Sebastian: *Cosmographia – Beschreybung aller Lender*, Basel 1544.

Nigellus, Ermoldus: *In honorem Hludowici christianissimi Caesaris Augusti Ermoldi Nigelli exulis elegiacum carmen*, in: Dümmler, Ernst (Hg.): MGH Poetae 2, München 1864, S. 4–79.

Vitruvius, M. Pollio: *De architectura libri decem*, übers. und mit Anm. vers. von C. Fensterbusch, Darmstadt 1991.

## LITERATUR

Binding, Günther: *Der früh- und hochmittelalterliche Bauherr als sapiens architectus*, Köln 1996.

Ders.: *Antike Säulen als Spolien in früh- und hochmittelalterlichen Kirchen und Pfalzen – Materialspolie oder Bedeutungsträger?*, Stuttgart 2007 (= Sitzungsberichte der wissenschaftlichen Gesellschaft der Johann-Wolfgang-Goethe Universität Frankfurt am Main XLV, 1).

Brandenburg, Hugo: *Zwei Marmor-Kapitelle aus der karolingischen Pfalz Ingelheim im Landesmuseum zu Mainz. Zur Frage der Spolienverwendung im frühen Mittelalter*, in: Mattern, Torsten (Hg.): Munus. Festschrift für Hans Wiegartz, Münster 2000, S. 47–60.

Clemes, Lukas: *Tempore Romanorum constructa. Zur Nutzung und Wahrnehmung antiker Überreste nördlich der Alpen während des Mittelalters*, Stuttgart 2003 (Monographien zur Geschichte des Mittelalters 50).

Ehlers, Caspar (Hg.): *Orte der Herrschaft*, Göttingen 2002.

Ehlers, Caspar/Grewe, Holger/Ristow, Sebastian: *Eine archäologisch entdeckte, bisher unbekannte Taufpiscina in Ingelheim*, in: Rechtsgeschichte 21, Frankfurt 2013, S. 285–290.

Fontaine, Thomas H. M.: *Ein letzter Abglanz vergangener kaiserlicher Pracht. Zu ausgewählten archäologischen Befunden aus dem Areal der römischen Kaiserresidenz in Trier*, in: König, Margarethe (Hg.): Palatia. Kaiserpaläste in Konstantinopel, Ravenna und Trier, Trier 2003, S. 130–161.

Gai, Sveva/Mecke, Birgit: *Est locus insignis … Die Pfalz Karls des Großen in Paderborn und ihre bauliche Entwicklung bis zum Jahre 1002*, Mainz 2004 (Denkmalpflege und Forschung in Westfalen 40.2).

Grewe, Holger: *Pfalzen Karls des Großen*, in: Stiftung Deutsches Historisches Museum (Hg.): Kaiser und Kalifen. Karl der Große und die Mächte am Mittelmeer um 800, Berlin 2014, S. 157–181.

Ders.: *Die Wasserleitung der Kaiserpfalz Ingelheim am Rhein im 8./9. Jahrhundert*, in: Frontinus-Gesellschaft (Hg.): Geschichte der Wasserversorgung 7, Mainz 2007, 191–199.

Ders.: *Die bauliche Entwicklung der Pfalz Ingelheim im Hochmittelalter am Beispiel der Sakralarchitektur*, in: Ehlers, Caspar/Jarnut, Jörg/Wemhoff,

Matthias (Hg.): Zentren herrschaftlicher Repräsentation im Hochmittelalter. Geschichte, Architektur und Zeremoniell (Deutsche Königspfalzen 11/7), Göttingen 2007, S. 101–120.

Haupt, Peter: *Die karolingische Wasserleitung bei Ingelheim*, in: Frontinus-Gesellschaft (Hg.): Geschichte der Wasserversorgung 7, Mainz 2007, 183–189.

Heckner, Ulrike: *Der Tempel Salomos in Aachen – Datierung und geometrischer Entwurf der karolingischen Pfalzkapelle*, in: Pufke, Andrea (Hg.): Die karolingische Pfalzkapelle in Aachen. Material, Bautechnik, Restaurierung (Arbeitshefte der rheinischen Denkmalpflege 78), Worms 2012, S. 25–62.

Ley, Judith u.a.: *Pfalz und Vicus Aachen in karolingischer Zeit*, in: Krause, Thomas (Hg.): Aachen von den Anfängen bis zur Gegenwart II. Karolinger – Ottonen – Salier 765–1137, Aachen 2013, S. 1–408.

Lobbedey, Uwe: *Carolingian Royal Palaces: The State of Research from an Architectural Historian's Viewpoint*, in: Cubitt, Catherine (Hg.): Court Culture in the Early Middle Ages, Turnhout 2003, S. 129–154.

Luchterhand, Manfred: *Stolz und Vorurteil. Der Westen und die byzantinische Hofkultur im Frühmittelalter*, in: Bauer, Franz Alto (Hg.): Visualisierungen von Herrschaft. Frühmittelalterliche Residenzen: Gestalt und Zeremoniell (Byzas 5), Istanbul 2006, S. 171–212.

Nussbaum, Norbert: *Antike Bautechnik im Mittelalter: Wissenstransfer oder Lernen durch Nachahmen?*, in: Boschung, Dietrich/Wittekind, Susanne (Hg.): Persistenz und Rezeption. Weiterverwendung, Wiederverwendung und Neuinterpretation antiker Werke im Mittelalter, Wiesbaden 2008 (ZAKMIRA 6) S. 161–188.

Pelgen, Franz-Stephan: *Aquädukt-Ansichten. Aus der Denkmalgeschichte der Wasserversorgung für das römische Mainz*, Mainz 2004 (Archäologische Ortsbetrachtungen 5).

Schulze-Böhm, Britta: *Die Bauskulptur der karolingischen Pfalz Ingelheim. Beobachtungen zur Ausstattung frühmittelalterlicher Herrschaftsarchitektur.* In Druckvorbereitung.

Untermann, Matthias: *Der Zentralbau im Mittelalter*, Darmstadt 1989.

Zotz, Thomas: *Pfalzen zur Karolingerzeit. Neue Aspekte aus historischer Sicht*, in: Fenske, Lutz/Jarnut, Jörg/Wemhoff, Matthias (Hg.): Splendor palatii. Neue Forschungen zu Paderborn und anderen Pfalzen der Karolingerzeit (Deutsche Königspfalzen 11/5), Göttingen 2001, S. 13–23.

Kompositkapitell aus Marmor

*Britta Schulze-Böhm*

# BAUSKULPTUR

In den vergangenen Jahren konnte die Bauskulptur der karolingischen Pfalz Ingelheim erfasst und kunsthistorisch bearbeitet werden. Hierbei gelang erstmals die Systematisierung, Einordnung und Auswertung aller erhaltenen Objekte sowie durch Schrift- und Bildquellen bekannten Stücke. Insgesamt wurden 122 Werkstücke bearbeitet, bislang unsichere Zuschreibungen an die Pfalz Ingelheim dabei teils neu bewertet. Im Folgenden werden einzelne grundlegende Beobachtungen dieser Bearbeitung in Kurzform dargelegt, die vollständige Bearbeitung erfolgte durch die Autorin als Dissertationsschrift mit dem Titel „Die Bauskulptur der karolingischen Pfalz Ingelheim. Beobachtungen zur Ausstattung frühmittelalterlicher Herrschaftsarchitektur" an der Universität Basel (die schriftliche Veröffentlichung erfolgt durch die Forschungsstelle Kaiserpfalz Ingelheim).

Die Bestandserfassung sowie rekonstruktive Überlegungen haben gezeigt, dass das heute bekannte Material nur noch einen Ausschnitt der ursprünglich vorhandenen steinernen Bauausstattung der Pfalz Ingelheim darstellt. Die Auseinandersetzung mit den Schrift- und Bildquellen führt deutlich vor Augen, wie umfangreich der Verlust von Ausstattungsstücken der Pfalz ist, sei er durch Abtransport und Wiederverwendung seit der frühen Neuzeit begründet oder durch Kriegseinwirkungen und problematische Aufbewahrungsbedingungen in den Museen während des 19. und 20. Jahrhunderts. Dennoch lässt das Material grundsätzliche Beobachtungen zur Ausstattung karolingischer Herrschaftsarchitektur zu.

Besonders auffällig ist die nun erstmals klar fassbare umfangreiche Verwendung römischen Spolienmaterials (Abb. 1). Wiederverwendete Bauteile machen gegenüber den in karolingischer Zeit neu angefertigten Stücken den größeren Teil der überlieferten Objekte aus. Offenbar wurde dabei am Ende des 8. Jahrhunderts deutlich unterschieden zwischen Spolien aus kostbaren Materialien einerseits, die teils ursprünglich aus Italien stammen, und solchen Spolien andererseits, deren Herkunft in der näheren Umgebung Ingelheims zu suchen ist. Werkstücke der ersten Gruppe wurden an den repräsentativen Gebäuden an sichtbarer Stelle verbaut, und zwar vor allem innerhalb der Säulenarchitekturen. Hierzu zählen z. B. marmorne Kapitelle und Säulenbasen italischen Ursprungs sowie monolithische Säulenschäfte aus Granit, Marmor und Kalkstein (Abb. 2). Nachträgliche Überarbeitungen an einigen dieser Objekte zeigen, dass sie sorgfältig an den neuen, karolingischen Baukontext angepasst und in ihrer ursprünglichen Funktion wiederverwendet wurden. Die zweite Gruppe umfasst insbesondere provinzialrömische Kapitelle und Bestandteile römischer Grab- und Weihedenkmale aus Sandstein sowie einfache Sandsteinquader (Abb. 3). Sie fanden überwiegend als Baumaterial im Mauerwerk der Pfalzgebäude Verwendung. Außerdem wurden sie teilweise als Rohstoffquelle für karolingische Werkstücke genutzt, womit ihr eigener künstlerischer Wert negiert wurde.

Für die ursprünglich aus Italien stammenden Spolien kann auf Grund des Werkstoffs und der stilistischen Beobachtungen eine mittelitalische Entstehung vermutet werden – eine weitere Eingrenzung wie sie in der Vergangenheit z. B. an die Stadt Rom erfolgt ist (Brandenburg 2000), erscheint wegen fehlen-

Abb. 1 | Erhaltene Werkstücke und ihre Datierung. Innerhalb der erhaltenen Werkstücke bilden die römischen Spolien (grün) eine deutlich größere Gruppe gegenüber den karolingischen Werkstücken (rot).

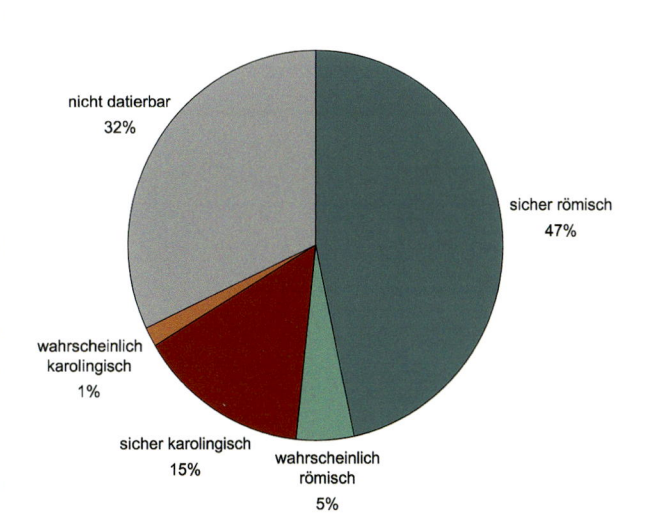

Abb. 2 | Komposites Vollblattkapitell aus Marmor, römisch. Landesmuseum Mainz

der spezifischer Formen problematisch. Entgegen der bisher vorherrschenden Meinung sprechen viele der neuen Beobachtungen dafür, dass die italischen Spolien beim Bau der Pfalz Ingelheim nicht direkt aus Italien importiert, sondern aus geographisch nahe liegenden römischen Ruinenstädten wie zum Beispiel Köln und Mainz, vor allem aber Trier entnommen worden sein könnten. Auch deuten verschiedene Hinweise darauf hin, dass es selbst für den Bau einer Pfalz Karls des Großen nicht einfach war, an geeignetes Spolienmaterial zu gelangen. Dies zeigen teils aufwändige Anpassungsmaßnahmen durch die karolingischen Steinmetze. Die Eignung der Spolien wurde offenbar anhand der Repräsentativität der einzelnen Werkstücke gemessen. Als repräsentativ scheinen Objekte gegolten zu haben, die sich durch wertvollen Werkstoff – in der Regel Marmor – sowie hochstehende handwerkliche Qualität auszeichneten. Ob auch der Bezug zu Italien eine Rolle dabei spielte, lässt sich anhand des vorliegenden Materials nicht beantworten. Eine bewusste Verbindung zum antik-römischen Kaisertum, die der Spolienverwendung in der Zeit Karls des Großen häufig unterstellt wird, lässt sich für die Bauskulptur aus Ingelheim nicht nachweisen. Weder die hier überlieferten Werkstoffe noch die Schmuckformen waren in der Antike dem römischen Kaiserhaus vorbehalten. Zudem zeigen Werkstücke aus karolingischer Zeit, allen voran das Flügelpferdrelief (siehe S. 2–3), dass nicht eine bestimmte Herrschaftsform, auch nicht eine bestimmte zeitliche Epoche ausschlaggebend für die Auswahl der schmückenden Bauteile in Ingelheim war. Vielmehr liegt die Vermutung nahe, dass beeindruckende Schönheit und Exklusivität als Maßstab für die Auswahl und Anfertigung der Bauskulptur zu Grunde lagen.

Einiges deutet darauf hin, dass die Beschaffung als geeignet eingestufter Spolien mit einem derartig hohen Aufwand verbunden war, dass man ihn nur für die extravagantesten und – vielleicht noch wichtiger – öffentlich sichtbaren Gebäude und Bereiche der Pfalz betrieb. Denn auch wenn kaum eines der

Abb. 3 | Teil eines römischen Grab- oder Weihedenkmals, Sandstein. Museum bei der Kaiserpfalz

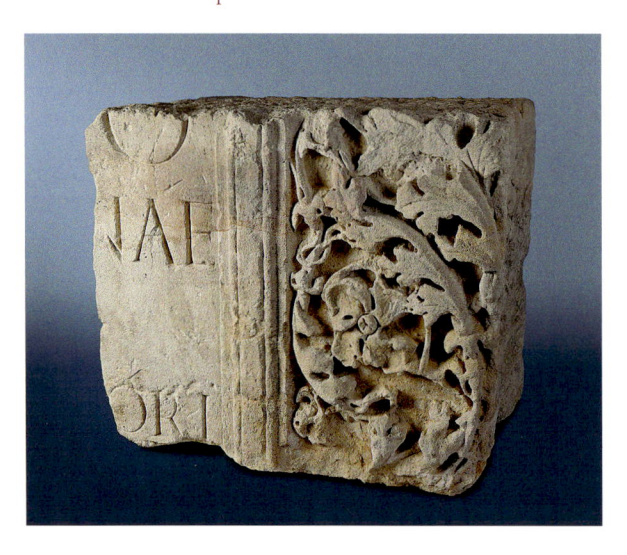

46 | Britta Schulze-Böhm

Abb. 4 | Unterteil eines korinthischen Kapitells, Kalkstein. Museum bei der Kaiserpfalz

Objekte *in situ* (= in Originallage) angetroffen wurde und nur bei den wenigsten Stücken der Fundort aus heutiger Sicht eindeutig dokumentiert ist, so zeichnen sich doch Fundkonzentrationen im Bereich der Aula regia und des Halbkreisbaus ab. Die Tatsache, dass die Pfalz Ingelheim nicht an einem Platz angelegt wurde, der direkt oder doch relativ einfach das angestrebte Spolienmaterial zur Verfügung stellen konnte, unterstreicht, dass bau-logistische Überlegungen anderen Gründen für die Standortwahl der Pfalz Ingelheim untergeordnet waren. Insofern ist die Annahme Günther Bindings, die Verwendung von antikem Spolienmaterial in Ingelheim sei als Maßnahme zur Reduzierung des Arbeitsaufwandes zu verstehen, nur bezüglich der unsichtbar verbauten Quaderspolien zu folgen, die Binding jedoch gerade nicht im Blick hatte (Binding 2007). Arbeitsökonomische und finanzielle Komponenten spielten offenbar kaum eine Rolle bei der Auswahl der Lage und der Planung der Gesamtanlage. Allein die Anlage der Säulengänge bedeutete einen enormen Aufwand, der durch andere Gebäudeformen leicht hätte vermieden werden können. Also muss es für die Verwendung von Spolien – mindestens den sichtbar verbauten – andere Gründe gegeben haben als Material- und Arbeitsersparnis. Für konkrete Hypothesen in dieser Richtung, wie sie in der Vergangenheit vielfach angestellt wurden, wären zunächst umfangreiche Untersuchungen entsprechender Materialgruppen an anderen Orten wie z. B. Nimwegen und Aachen notwendig. Auch wären in diesem Zusammenhang Fragen von Interesse, die die Rezipientenkreise näher beleuchten und z. B. untersuchen, bei welchen Personengruppen damit zu rechnen ist, dass sie steinerne Ausstattungsstücke beispielsweise als „alt", „italisch" oder „kaiserlich" erkennen konnten.

Die Neubearbeitung der Bauskulptur aus Ingelheim erlaubt auch einen detaillierten Einblick in die für den Bau der Pfalz neu angefertigten karolingischen Werkstücke. Diese zahlenmäßig geringer überlieferten Beispiele haben überraschend unterschiedliche handwerkliche und künstlerische Traditionen ihrer Steinmetze offenbart. Rückgriffe auf antike Objekt- und Schmuckformen sind überall fassbar, was wenig überrascht. Jedoch wurde nur in Einzelfällen die klassische Antike rezipiert; vielmehr trifft man in Ingelheim auf die Auseinandersetzung mit sehr verschiedenen Aggregatzuständen der Antike. An manchen Objekten treten Elemente und Kompositionsschemata auf, die an kaiserzeitlichen Bauten Italiens vorstellbar sind. Die Charakteristika anderer Stücke legen Bezüge zur spätantiken Bauskulptur offen. Und die deutlichen Verbindungen zur von der Spätantike geprägten langobardischen Kunst machen evident, dass auch zeitgenössische Strömungen aufgenommen wurden und damit gewissermaßen die vitale Form

Abb. 5 | Pyramidenstumpfkämpfer aus Kalkstein, karolingisch. Landesmuseum Mainz

der Antike. Die aus der ersten Bauphase der Pfalz Ingelheim stammenden Objekte sind überdies geprägt von dem Willen nach künstlerischer Eigenständigkeit und Neuheit, teils auch des Experimentellen.

Interessante Einblicke erlauben karolingische Überarbeitungen antiker Werkstücke. Mehrere Stücke lassen den Schluss zu, dass es den karolingischen Steinmetzen keineswegs um die oft zitierte „Nachahmung" oder „Kopie" antiker Kunstwerke ging. Zweifelsohne orientierte man sich an antiken Grundschemata bezüglich der Anordnung und des Aufbaus der Schmuckelemente. Die Ausformung dieser Elemente wurde jedoch bewusst, teils notgedrungen in der Formensprache des späten 8. Jahrhunderts ausgeführt. Dies zeigen z. B. die Überarbeitung eines antiken korinthischen Kapitells (Abb. 4), die Ergänzung eines beschädigten Halsrings an einer antiken Marmorsäule und auch die Zusammenstellung von kostbaren Marmorwerkstücken im unteren Bereich der Säulengänge mit Sandsteinwerkstücken in der Gebälkzone. All diese Beobachtungen verdeutlichen erstens, dass bei der Anpassung und Ergänzung des antiken Materials nicht die Einheitlichkeit des Ornamentschmucks oder ein möglichst original wirkender Zustand im Vordergrund stand, sondern nur eine gewisse Verwandtschaft der Schmuckelemente. Es offenbart sich eine genaue Kenntnis römisch-antiker Formeigenschaften einzelner Architekturelemente und das Ziel, diese Formeigenschaften möglichst auch vollständig präsentieren zu können. Zweitens wird deutlich, dass die kostbaren antiken Spolien keineswegs als gewissermaßen unantastbar galten. Sie mussten sich in den karolingischen Bauplan einfügen und wurden gegebenenfalls beherzt und nicht immer sehr sorgfältig überarbeitet. Auch hierin mag ein Hinweis darauf liegen, dass die Spolien in Ingelheim nicht auf Grund einer verehrungswürdigen Herrschaftsform verwendet wurden, die den Werkstücken gleichsam anhaftete und sie zu sakrosanktem Material machte. Vielmehr scheint die ästhetische Komponente den Blick der Baumeister des späten 8. Jahrhunderts auf das Spolienmaterial bestimmt zu haben. Die eigenen künstlerischen und handwerklichen Fähigkeiten wurden selbstbewusst in die direkte Nachbarschaft zu antiken Arbeiten gestellt und zeigen dabei keine nachahmenden Tendenzen.

Des Weiteren fördert die Zusammenschau der Bauskulptur aus Ingelheim klar zu Tage, dass der Bauschmuck von einer auffallenden optischen Vielfalt geprägt war. Diese motivische und stilistische Vielfalt trifft auf die karolingische Bauskulptur ebenso zu wie auf die antiken Spolien, die in Ingelheim verwendet wurden: Die antiken Kapitelle zeugen von den unterschiedlichsten antiken Ordnungen, die Säulenschäfte bestanden aus diversen Werkstoffen, und die karolingischen Pyramidenstumpfkämpfer variieren in Größe, Proportion und Ornament erheblich. Eine optische Einheitlichkeit des Bauschmucks existierte in Ingelheim nicht. Hinsichtlich der Spolien mag dies der Unmöglichkeit geschuldet sein, homogenes Altmaterial in großen Mengen zu beschaffen. Die Analyse der eigens für den Bau der Pfalz hergestellten Werkstücke konnte jedoch belegen, dass eine solche Einheitlichkeit offenbar auch nicht angestrebt wurde. Dies tritt besonders deutlich an den Pyramidenstumpfkämpfern zu Tage (Abb. 5, 6), die in der ornamentalen Gestaltung der Oberflächen stark voneinander abweichen. Insofern lässt sich hier ein grundlegendes Gestaltungsprinzip der frühmittelalterlichen Herrschaftsarchitektur in Ingelheim erkennen.

Selbst ohne den Blick auf die Gesamtanlage und einzelne Gebäudeformen der karolingischen Pfalz Ingelheim weisen Art und Umfang der überlieferten Bauskulptur die Pfalz als hochrepräsentatives Bauensemble und außergewöhnlich aufwändiges Bauprojekt aus. Die Präsenz großer Mengen kostbarer, schwer zu beschaffender und risikoreich zu transportierender Spolien zeigt die besondere Bedeutung, die dem Pfalzbau in Ingelheim beigemessen wurde. Aktuelle Rekonstruktionen rechnen allein an den Säulengängen von Halbkreisbau und Nordflügel mit insgesamt 53 Stützen, die jeweils aus Basis, Schaft und Kapitell bestanden haben werden. Allein diese Anzahl zeugt von einem sehr ehrgeizigen Bauplan.

Die Pfalzen des frühen Mittelalters sind oberirdisch fast überall vollständig verschwunden. Umso mehr Bedeutung kommt den Resten der Bauausstattung zu, die wertvolle Hinweise auch über die oberirdische Bausubstanz dieser Architekturgattung liefern kann. Die Bauskulptur war als jederzeit und für alle Anwesenden sichtbares Element der Architektur besonders geeignet, Repräsentationsvorstellungen karolingischer Herrscher zu transportieren. Insofern ist die Erforschung des Bauschmucks anderer karolingischer Pfalzorte ein lohnendes Forschungsprojekt.

Abb. 6 | Fragment eines Pyramidenstumpfkämpfers aus Kalkstein, karolingisch. Museum bei der Kaiserpfalz

## LITERATUR

Binding, Günther: *Antike Säulen als Spolien in früh- und hochmittelalterlichen Kirchen und Pfalzen. Materialspolie oder Bedeutungsträger?*, in: Sitzungsberichte der Wissenschaftlichen Gesellschaft an der Johann Wolfgang Goethe-Universität Frankfurt am Main 14, Nr. 1, 2007, S. 4–49, S. 27.

Brandenburg, Hugo: *Zwei Marmor-Kapitelle aus der karolingischen Pfalz Ingelheim im Landesmuseum zu Mainz. Zur Frage der Spolienverwendung im frühen Mittelalter*, in: Torsten Mattern (Hg.): Munus. Festschrift für Hans Wiegartz, Münster 2000, S. 47–60, S. 51.

Goldmünze Karls des Großen

*Holger Grewe*

# GOLDMÜNZE MIT DEM BILDNIS KARLS DES GROSSEN

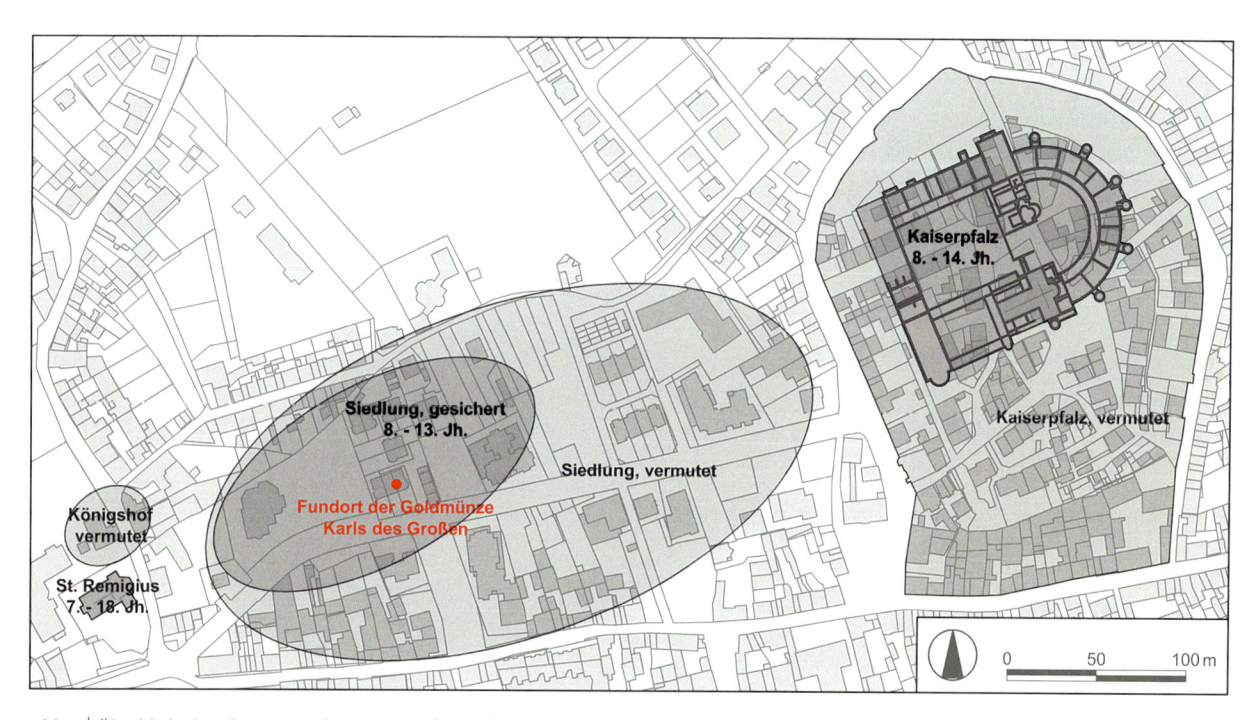

Abb. 1 | Überblick über das Kaiserpfalzgebiet und Umgebung mit Kennzeichnung des Fundortes der Goldmünze

Arles, um 800–814

Fundort: Kaiserpfalz Ingelheim (Kr. Mainz-Bingen), „Im St. Kiliangarten"

Vs: Brustbild nach rechts mit Lorbeerkranz und Feldherrenmantel. + D(ominus) N(oster) KARLUS IMP(erator) AUG(ustus) REX F(rancorum) ET L(angobardorum)

Rs: Stadttor. + A R E L A T O

Gold, 4,18 g, Dm. 19,5 mm

Landesamt für Denkmalpflege Rheinland-Pfalz, Abt. Archäologische Denkmalpflege, IH-O2-G176

Abb. 2 | Umzeichnung der Vorderseitenlegende (oben) und der Rückseitenlegende (unten)

Die 19,5 mm große Goldmünze wurde bei archäologischen Ausgrabungen 1996 etwa 200 m westlich der Pfalzanlage im Bereich einer Vorsiedlung gefunden (Abb. 1, 3). Sie zeigt auf der Vorderseite ein stark stilisiertes Brustbild nach rechts mit Lorbeerkranz und Feldherrnmantel (Paludamentum). Die Umschrift gibt die Kaisertitulatur Karls des Großen in leicht gekürzter Fassung wieder: +D(ominus) N(oster) KARLUS IMP(erator) AUG(ustus) REX F(rancorum) ET L(angobardorum). Auf der Rückseite erscheint ein stilisiertes Stadttor mit der Umschrift +ARELATO für den Prägeort Arles (Dép. Bouches-du-Rhône) (Abb. 2). Obzwar die 4,18 g schwere Münze den Gewichtsstandard unterschreitet, ist die Bezeichnung Solidus in Anlehnung an ihre antiken Vorbilder gebräuchlich geworden. Das Geldstück ist in die kleine Gruppe der Kaisermünzen einzureihen, deren Anteil an der heute bekannten Münzprägung Karls des Großen insgesamt nur etwa 3,7 Prozent beträgt. Der

Abb. 3 | Rettungsgrabung beim Ausbau der Ottonenstraße: der letzte Grabungstag am Fundort der Goldmünze

Vergleich der Avers-Legende und insbesondere der Rückseitenstempel offenbart enge Parallelen zu zwei ebenfalls in Arles geprägten silbernen Denaren, die heute in Berlin und Lyon aufbewahrt werden. Diese Stücke sichern zugleich die Lesung der nur schwer lesbaren Legende auf der Vorderseite des Solidus aus Ingelheim.

Goldmünzen der Kaiserzeit Karls des Großen waren vor 1996 nicht bekannt. Die Existenz einer Goldprägung durfte zudem als wenig wahrscheinlich gelten, da eine Münzreform 794 eine monometallische (Silber-)Währung begründen sollte. Der neu eingeführte *Novus denarius*, eine schwere Silbermünze, wurde zur einzigen Verkehrsmünze, während die übrigen Werte Rechnungseinheiten darstellten. Die hier vorliegende Abweichung vom gängigen Münzsystem ist im Einzelnen bislang nicht geklärt. Die bisweilen geäußerte Vermutung, es handele es sich um eine posthume Prägung Ludwigs des Frommen für Karl den Großen, ist nur auf stilistische Argumente gestützt. Offenkundig ist, dass sowohl die korrumpierte Legende als auch die Darstellungsart der Kaiserbüste in der Münzprägung Karls des Großen ohne direkte Parallele sind. Allerdings reihen diese Merkmale das Stück nicht zwangsläufig unter die Münzen Ludwigs ein. Der Vergleich mit entstellten Porträts, die auf Münzen südfranzösischer und norditalischer Herkunft vorkommen, offenbart eine ganz allgemeine Vergleichbarkeit des Phänomens, ohne dass von demselben Darstellungstypus gesprochen werden könnte. Diese Feststellung gilt ebenso für Vergleiche mit friesischen Nachahmungen der Munus-divinum-Münzen, deren Festlegung auf die Zeit Ludwigs des Frommen im Übrigen nicht gesichert ist.

Aus Sicht der Numismatik (Münzkunde) lässt die Interpretation des Solidus mit dem Kaiserbild Karls des Großen offenbar mehrere Deutungen zu. Erst archäologische Neufunde vermögen die durch die Ingelheimer Goldmünze aufgeworfenen Fragen einschließlich der Absicherung ihrer Datierung zu beantworten. Solange wird man die Prägung als einen Reflex auf das im Jahr 800 für das fränkische Reich neu erlangte Kaisertum bezeichnen können. Die Prägung von Goldmünzen war ein aus der Antike überliefertes kaiserliches Privileg und ein Herrschaftszeichen. Die neuen Goldsolidi stellten Karl den Großen als Erneuerer des weströmischen Reiches dar und waren ein denkbar geeignetes Medium, diese politische Botschaft zu verbreiten. Allerdings legt das anteilig geringe Fundaufkommen von Kaisermünzen vorläufig den Schluss nahe, dass ihre Prägung nicht vor 812 begann, dem Jahr der Anerkennung von Karls Kaiserwürde durch Byzanz.

### LITERATUR

Martin, Peter-Hugo: *Eine Goldmünze Karls des Großen*, in: Numismatisches Nachrichtenblatt 46, 1997, 351–355.

Kluge, Bernd: *Nomen imperatoris und Christiana Religio*, in: 799 – Kunst und Kultur der Karolingerzeit, hg. v. Christoph Stiegemann und Matthias Wemhoff, 1999, III, 82–90.

Ilisch, Lutz: *Geldgeschichten. Handel zwischen islamischem und karolingischem Reich*, in: Stiftung Deutsches Historisches Museum (Hg.), Kaiser und Kalifen. Karl der Große und die Mächte am Mittelmeer um 800, Berlin 2014, S. 144–157.

# TAFELTEIL

Tafel 1 | Digitale Rekonstruktion des Halbkreisbaus mit Säulengang um 800. Ansicht von Westen

Tafel 2 | Digitale Rekonstruktion des Nordflügels mit Innenhof um 800. Ansicht von Süden

Tafel 3 | Luftbild des heutigen Denkmalbereiches mit Gittermodell der Kaiserpfalz

Tafel 4 | Säulenbasis aus Marmor mit attischem Profil

Tafel 5 | Fund einer Säulenbasis *in situ* (= in Originallage) im Bereich des Halbkreisbaus. Grabungsfoto Christian Rauch, 1914

Tafel 6 | Wand- und Bodenplatten aus Marmor und Porphyr, römisch und karolingisch (Kantenlänge dreickförmige Marmorplatte 12,5 cm)

Tafel 7 | Stuckaturen mit Rund- und Perlstabdekor, um 800 (Kantenlänge Stuckfragment mit Perlstab 7,8 cm)

Tafel 8 | Zahnschnittfries aus Rotsandstein (Fragment), Teil des Gebälks. Gefunden im Bereich des Halbkreisbaus. Römisch oder früh- bis hochmittelalterlich. Museum bei der Kaiserpfalz Ingelheim

Tafelteil | 57

Tafel 9 | Luftbild des heutigen Denkmalgebietes mit Pflastermarkierungen

Tafel 10 | Denkmalbereich Heidesheimer Tor, Blick nach Westen

Tafel 11 | Heidesheimer Tor von Osten mit Projektion der digitalen Rekonstruktion in der „Nacht der Kunst" 2013

Tafel 12 | Aula regia (Thronhalle), Blick in die Apsis (halbkreisförmiger Anbau) an der Stirnseite des Gebäudes. Datierung im Uhrzeigersinn: 2001, um 1955 und 1900

Tafel 13 | Aula regia und das Saalgebiet während der Nacht der Kunst 2012

60 | Tafelteil

Tafel 14 | Aula regia (Thronhalle), Blick nach Süden in die Apsis mit überlagerter Rekonstruktion

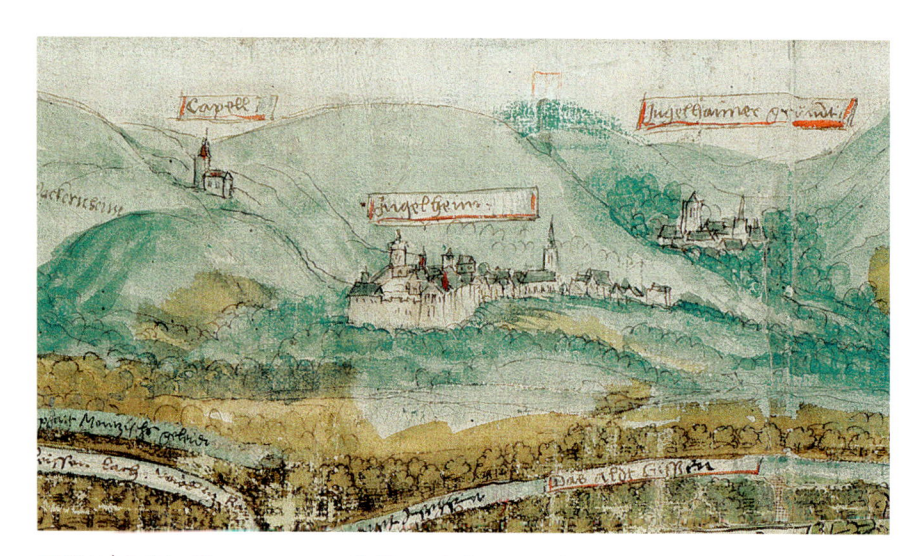

Tafel 15 | „Riß des Rheingaues von Walluf bis Rüdesheim samt dem ganzen jenseitigen Ufer und Rhein-Auen…", sogenannte „Rheinlaufkarte", 1573

Tafel 16 | Holzschnitt aus der „Cosmographia" von Sebastian Münster, um 1544

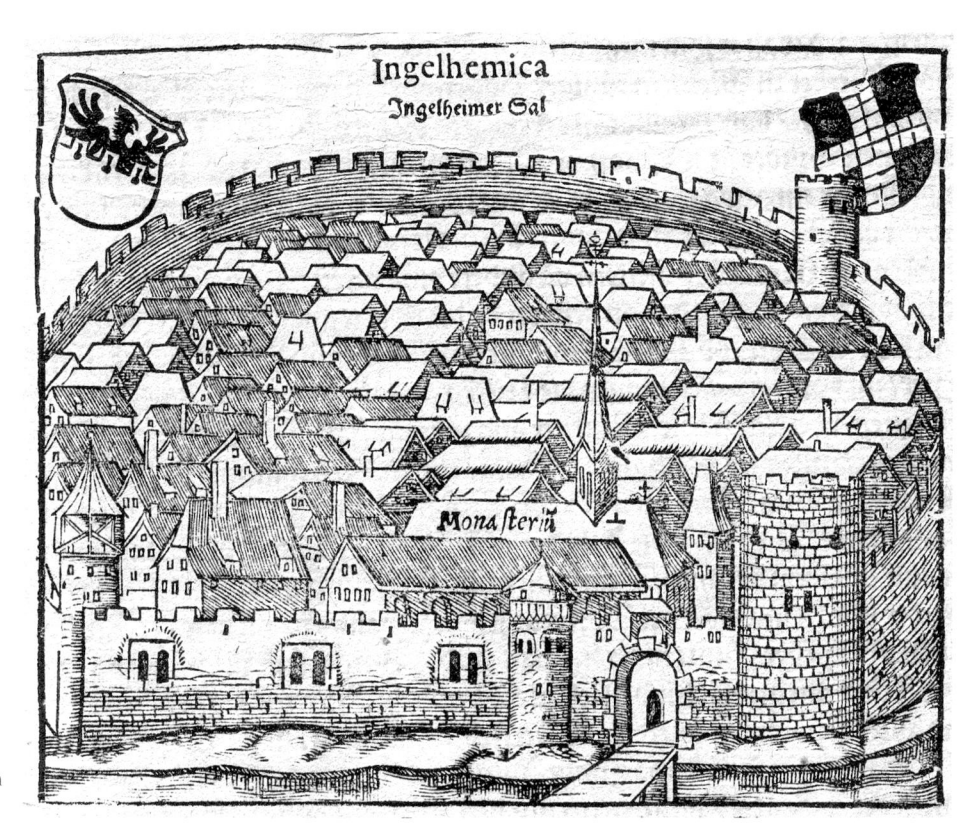

Tafel 17 | Holzschnitt aus der „Cosmographia" von Sebastian Münster, um 1550

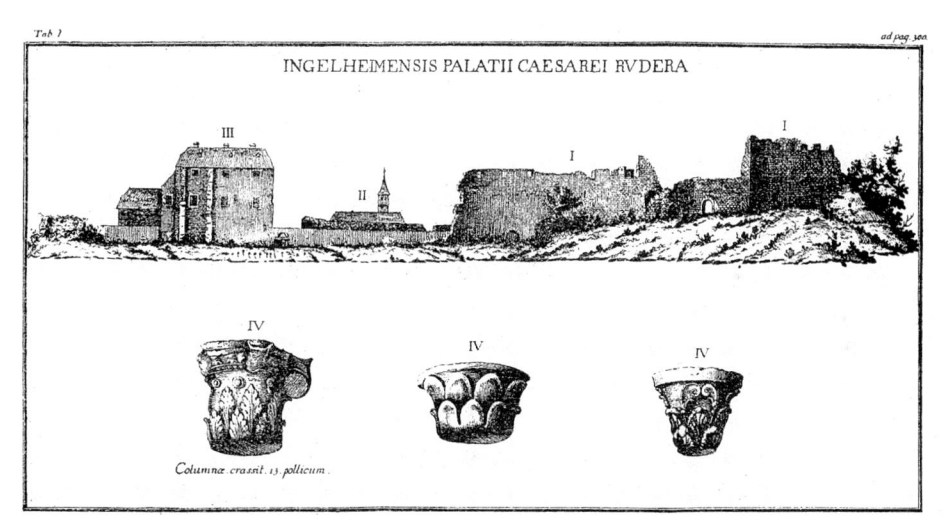

Tafel 18 | Ruinen und Fundstücke aus der Kaiserpfalz. Kupferstich aus der Abhandlung Johann Daniel Schöpflins über Ingelheim (*Dissertatio de Caesareo Ingelheimensi palatio*, in: Acta Academiae Theodoro-Palatinae, Vol. I., 1766)

Tafel 19 | Perspektivisch verzerrte Darstellung der Pfalzruinen. Kupferstich aus der Abhandlung Johann Daniel Schöpflins über Ingelheim (*Dissertatio de Caesareo Ingelheimensi palatio*, in: Acta Academiae Theodoro-Palatinae, Vol. I., 1766)

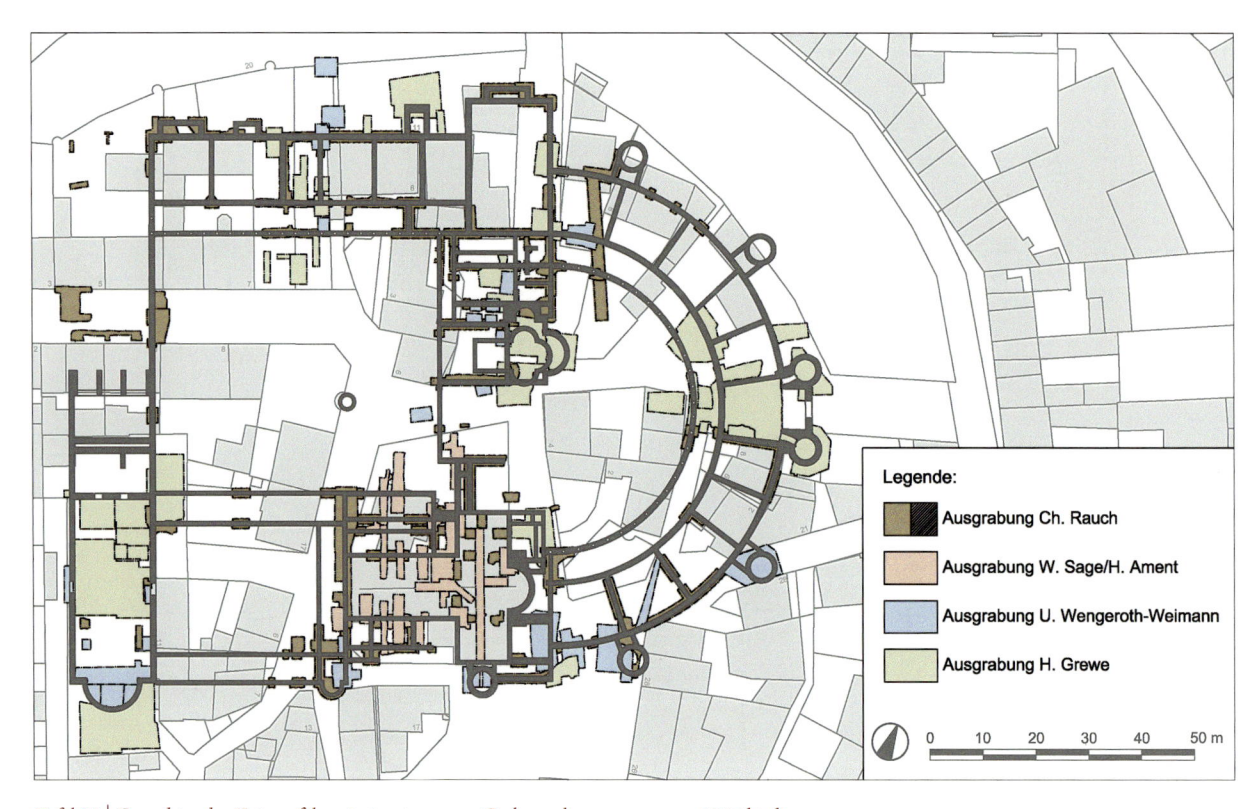

Tafel 20 | Grundriss der Kaiserpfalz mit eingetragenen Grabungskampagnen von 1909 bis heute

Tafel 21a | Modellrekonstruktion Pfalz Ingelheim im Bauzustand um 800, Ansicht von Norden

Tafel 21b | Modellrekonstruktion Pfalz Ingelheim im Bauzustand um 800, Ansicht von Süden

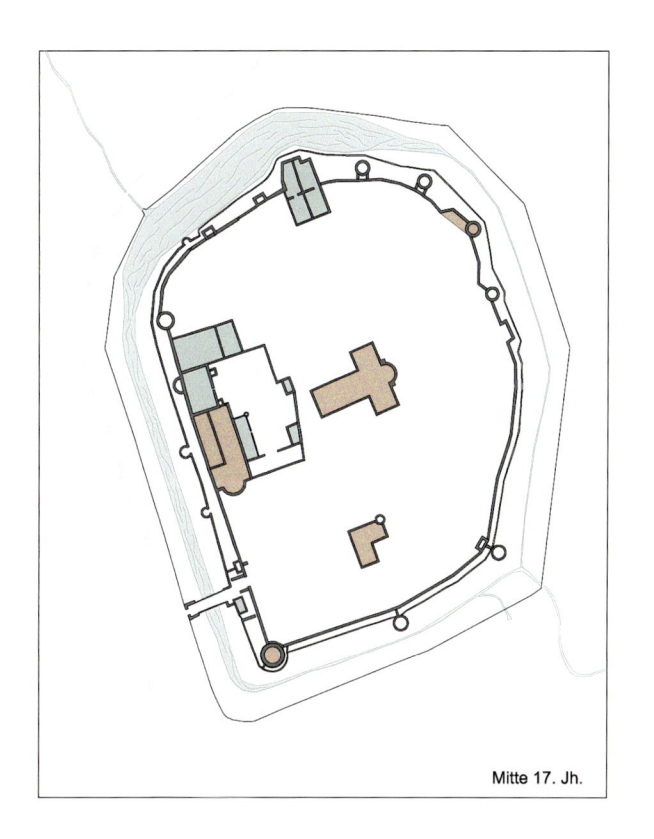

Tafel 22 | Siedlungsentwicklung im Saalgebiet vom 17. Jahrhundert bis heute auf der Basis der überlieferten Pläne

# III | METAMORPHOSEN: PALAST – RUINE – DENKMAL

Luftbild mit Eintragung von Pfalzbauten 8.–12. Jahrhundert

*Holger Grewe*

# BAULICHER WANDEL IM MITTELALTER

## EINLEITUNG

Die baulichen Überreste der Kaiserpfalz Karls des Großen sind als das Resultat komplizierter Überlieferungsvorgänge auf uns gekommen. Kein Gebäude ist vollständig erhalten, keines in unveränderter Form überliefert. Diese Wahrnehmung stellt sich beim Besuch im Saalgebiet als einer der stärksten Eindrücke ein. „Karl des Großen Palast fanden wir halb zerstört, zerstückelt, in kleine Besitzungen verteilt;" so beschrieb Johann Wolfgang Goethe 1817 seine Begegnung mit Ingelheim. Viele werden es so empfunden haben oder tun es bis auf den heutigen Tag. Ein Zweites setzt Goethe nach: „[ … ] den Bezirk desselben kann man noch an den hohen, vielleicht spätern Mauern erkennen." Ziemlich sicher dürfte hier auf die Wehrmauern des Spätmittelalters abgestellt sein, die südlich der Aula regia, auf dem Zuckerberg und am Heidesheimer Tor das Ortsbild beherrschen. Mit dem Wissen über Bautypologie und Stilkunde von heute lassen sich mühelos weitere Zeitschichten ablesen (Abb. 1): In Nachbarschaft zur Aula Karls des Großen steht die Saalkirche, an deren Chor und Chorflankentürmen Bauschmuck im Stil der Romanik angebracht ist; nicht nur die schon erwähnten Wehrmauern, auch der massiv befestigte Wehrturm „Bolander" gehört in das Spätmittelalter; einzelne Schmuckformen des Spätbarock sind an den ältesten Wohngebäuden ablesbar, etwa am Haus Zanggasse 12 am Heidesheimer Tor; die südliche Zanggasse und Teile des Zuckerbergs sind von bescheidener kleinteiliger Wohnarchitektur (Tagelöhnerhäuser) des 18./19. Jahrhunderts geprägt; historistische Gebäude, teils mit Jahreszahl ihrer Gründung in der Fassade, künden von räumlicher Neuordnung und dem Bau der Karlstraße ab 1890; auch Zeugnisse von bescheidener Nachkriegsarchitektur und von uniformem Sozialwohnungsbau der 1980er Jahre fehlen nicht.

Fragmentierung, Umformung und Überprägung sind die hauptsächlich wirksamen Faktoren der baulichen Überlieferung. Sie sind es, die dem Kaiserpfalzgebiet seine heutige Form leihen. Ergänzend und in Teilbereichen nicht minder wirksam trat in der jüngsten Zeit ein Veränderungsprozess hinzu, der von Forschung, Bewahrung und Erhaltung motiviert ist. Seit 1993 werden den Denkmäler gezielt untersucht, gesichert und präsentiert, um der bedeutenden Vergangenheit und der einzigartigen Überlieferung sichtbaren Ausdruck zu verleihen. Der 1200 Jahre umfassende Wandel vom Palast zur Ruine und schließlich zum Denkmal soll in diesem und in den beiden folgenden Beiträgen nachgezeichnet werden. Dabei sind notwendigerweise unterschiedliche Darstellungsmittel geboten, denn im Unterschied zur Neuzeit (vgl. Beitrag Caroline Gerner) hat das Mittelalter keine bildliche Wiedergabe der Pfalzreste im Saalgebiet hervorgebracht; die Moderne (vgl. Beitrag Patrizia Bahr) wartet mittels fotografischer Zeugnisse ab 1870 geradezu mit einer Bilderflut auf, ebenso mit einer Vielzahl literarischer Quellen. Den baulichen Wandel im Mittelalter zu beschreiben, setzt vorhergehende archäologisch-bauhistorische Untersuchungen voraus sowie daraus abgeleitet eine Bauchronologie mit Phaseneinteilung und Datierungen. Nur wenige Grabungsplätze im Saalgebiet waren in ihrer Überlieferungsqualität aber entsprechend ergiebig, und es gilt weiterhin zu bedenken, dass erst in der zweiten Hälfte der 1909 beginnenden archäologischen Forschungsgeschichte mit einem methodischen Instrumentarium ausgegraben wird, das die Schichtenfolge dokumentiert und stratigraphisch zuweisbare Funde hervorbringt. Im Folgenden sollen diese Grabungsplätze und ihre Ergebnisse in Form kürzester Grabungsberichte vorgestellt werden.

## BAULICHER WANDEL IM FRÜHMITTELALTER

Unzweifelhaft sind die Gründung der Pfalz Ingelheim durch Karl den Großen und ihr einzigartiges Bauprogramm die Ursache für die über Jahrhunderte fortbestehende Bedeutung Ingelheims als königlicher Aufenthaltsort. In die Regierungs-

Abb. 1 | Luftbild vom Saalgebiet aus Blickrichtung Südwest (Nahaufnahme)

zeit Karls des Großen nach 800 fällt nur ein Aufenthalt in Ingelheim, während Aachen bis 814 der fast einzige Regierungsort blieb. Doch unmittelbar nach Karls Tod fand der Sohn, Mitregent und Nachfolger Ludwig der Fromme zur ambulanten Herrschaftspraxis zurück. Erstmals wurde die Pfalz Ingelheim nun in kurzen Abständen weniger Jahre besucht und wichtige Regierungsgeschäfte wurden in signifikanter Häufung nach hier verortet. Die hohe Zahl von zehn gesicherten Königsaufenthalten und insbesondere die Reichsversammlungen und Gesandtschaftsempfänge zeigen indirekt die repräsentative Funktion und die wirtschaftliche Ertragsfähigkeit von Pfalz und Fiskus an (Abb. 2) (Schmitz 1974). Ob allerdings in diese Phase besonderer Wertschätzung Ingelheims als Regierungs- und Aufenthaltsort auch baulicher Wandel fällt, lassen die literarischen Berichte nicht erkennen. Und der archäologische Befund? Lässt beide Deutungsmöglichkeiten offen: Keine Tonscherbe irgendeiner Keramikgattung, keine C-14-Datierung an organischem Material erlaubte es, eine Scheidelinie zwischen „um 800" und der ersten Hälfte des 9. Jahrhunderts einzuziehen.

Nach dem Tod Ludwigs des Frommen 840 auf einer Rheininsel bei Ingelheim verlor die Pfalz ihre Rolle als zentraler Ort der Herrschaft vermutlich abrupt. Diesen Schluss legt zumindest die Tabelle der Königsaufenthalte nahe, die eine stark rückläufige Zahl der Besuche in Ingelheim bei gleichzeitig stark steigender Zahl in Mainz ausweist. Die Zahlenverhältnisse machen es deutlich: Lothar I. 1:3, Ludwig der Deutsche 2:9. Im Übrigen verlieh die dramatisch zunehmende Gefahr durch äußere Bedrohungen (Wikinger, Magyaren) den befestigten Pfalzorten entscheidende Vorzüge. Ingelheim, das nicht angegriffen und zerstört worden ist, stand als vermutlich schwach befestigte Anlage in der zweiten Reihe.

## DIE BAULICHE ENTWICKLUNG IM HOCHMITTELALTER

Peter Classen hat nach der karolingischen eine ottonische Nutzungsphase beschrieben, in welcher der Pfalzort wiederum eine besondere Bedeutung im Reich erlangte (Classen 1964). Es ist eine fast einhundertjährige Zeitspanne, beginnend mit dem Jahr 927, in der die Pfalz zum zweiten Mal und diesmal noch deutlicher in den Quellen als bevorzugter Aufenthaltsort erscheint, der wiederum mit kennzeichnenden Funktionen belegt wird: Als Fest- und Versammlungspfalz, die unter Otto I.

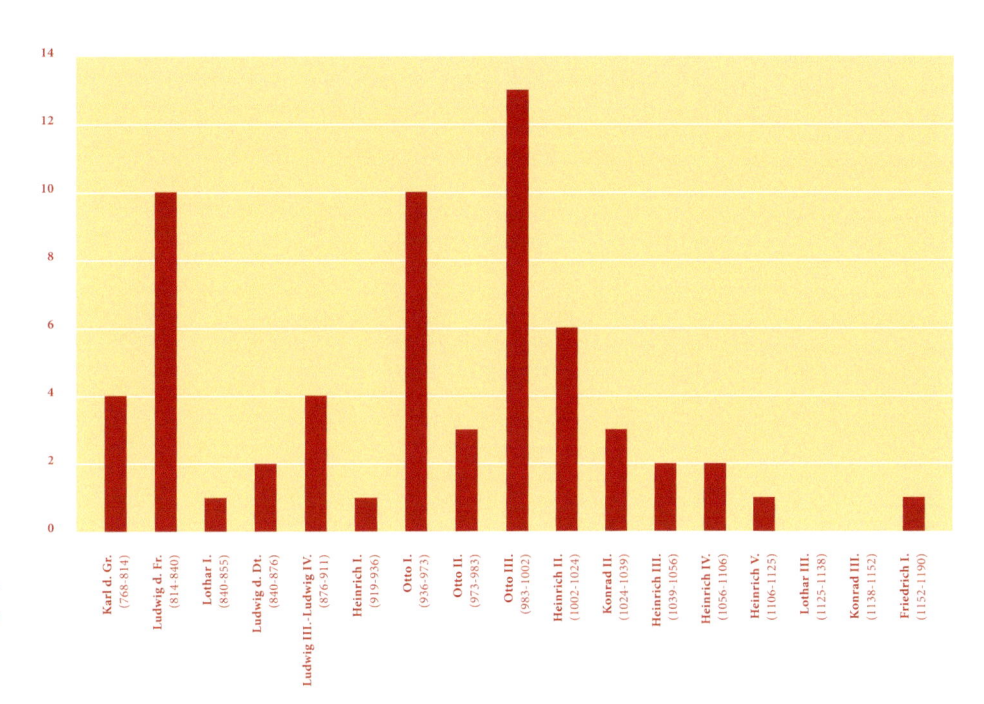

Abb. 2 | Tabelle der (gesicherten) Königsaufenthalte in der Pfalz Ingelheim nach Hans Schmitz

zur am meisten besuchten Synodalpfalz außerhalb des sächsischen Kerngebietes aufgestiegen war. Schließlich verdient die besondere Rolle der Pfalz für die Regierung Ottos III. erwähnt zu werden, der Ingelheim mindestens dreizehnmal aufsuchte. Der Pfalzort bildete für ihn und seine bis zu ihrem Tod 991 die Regierungsgeschäfte führende Mutter Theophanu nicht zuletzt wegen der Nähe zu Mainz, dem Sitz des einflussreichen Oheims Erzbischof Willigis, eine ideale Operationsbasis. Der Rang Ingelheims als einer der wichtigsten Herrschaftsorte außerhalb Sachsens setzte sich bis in die frühe Regierungszeit Heinrichs III. 1043 fort.

## Die Saalkirche

In dem uns interessierenden Zeitraum entstand 40 m östlich der Aula regia ein Kirchenbau, der bis vor kurzem als das älteste Zeugnis für einen Sakralbau im Kernbezirk der Pfalz galt. Die einschiffige Kreuzkirche ist 34,5 m lang, im Schiff 11,5 m und zwischen den Querhausarmen 28 m breit. Ihre Lage ist an den älteren Bauten ausgerichtet: So wurde die mittlere Achse der Kirche in die Querachse der Aula regia gerückt mit der Folge, dass eine ideale Ostung zu Gunsten der Symmetrie der Gesamtanlage nicht möglich war. Auffallend, dem Grunde nach aber vorerst ungeklärt bleibt, dass zwischen Aula und Kirche ein geräumiger Hof verblieb, während der Chor der Kirche dicht an das Südende der halbkreisförmigen Exedra trat. Noch heute sind bedeutende Reste dieses Baues in der Saalkirche erhalten, die als evangelische Pfarrkirche dient und nach der Wiederherstellung des Kirchenschiffs 1964 in der ursprünglichen Größe auf den Fundamenten des Gründungsbaus steht.

Die Untersuchung der Kirche begann 1910 mit umfangreichen Schachtungen von Christian Rauch, deren Ergebnisse den Ausgräber zu der später als irrig erwiesenen Annahme veranlassten, der Bau sei eine dreischiffige Basilika karolingischen Ursprungs gewesen. Für unsere Betrachtung sind vielmehr die Grabungsergebnisse einer zweiten Kampagne unter der Leitung von Hermann Ament und Walter Sage von Wichtigkeit, die 1960/61 im Kirchhof sowie 1963 im Kircheninneren mit 25 Grabungsflächen neue Ergebnisse zur Bauform und zur Datierung der Kirche erlangt haben (Abb. 3) (Sage 1976). Vor dem Westabschluss des 18. Jahrhunderts konnten die Fundamente der Außenmauern des Gründungsbaues gefasst werden. Ihre Tiefe, Mauerstärke und -beschaffenheit wies eine vollständige Übereinstimmung mit dem ebenfalls freigelegten Fundament des nördlichen Querhausarmes auf, während alle übrigen Mauern hiervon deutlich zu unterscheiden waren, insbesondere auch die parallel verlaufenden Fundamente S6021 und S6026, deren geringere Tiefe und Mauerstärke sowie Abweichungen in der Bautechnik sie keinesfalls als Außenmauern der von Rauch postulierten Basilika ausweisen (Abb. 4). Moderne Störungen und eine Vielzahl von Gräbern des 18. und 19. Jahrhunderts sind die Ursache dafür, dass im Kirchhof überwiegend nur grabenförmige Schnitte angelegt werden konnten und als Folge hiervon die Datierung der Fundamente nur auf wenigen Keramikscherben aufbaute. Zur Frage der Entstehungszeit der Kreuzkirche lieferten vielmehr Fußbodenreste den entscheidenden Hinweis, die in den Schnitten 15 und 24 angetroffen wurden. Der unterste von insgesamt mindestens drei Böden war ein Mörtelestrich, dessen Unterbau eine in Erde gesetzte Steinstickung bildete. Ob der Estrich selbst oder ein darin verlegter Plattenboden die Oberfläche bildete, entzog sich offenbar dem Nachweis. In diesem Boden fand sich

Baulicher Wandel im Mittelalter | 71

Abb. 3 | Grabungsplan Saalkirche und der Sakralbauten I + II auf dem Saalplatz

„in völlig gesicherter Lage" ein Scherben von echter bemalter Pingsdorfer Ware, der den Befund – und mit ihm den Gründungsbau der Kirche insgesamt – in die Zeit nach 900 setzt (Sage 1962). Bemerkenswert ist, dass von den unter dem ersten Kirchenboden liegenden frühmittelalterlichen Kulturschichten nur die älteste Schicht mit Architekturbefunden in Verbindung zu bringen war. Es handelt sich um Pfostenstandlöcher und Gruben eines Gehöftes aus der Zeit vor oder um 700, das innerhalb der untersuchten Flächen der einzige nachweisbare Vorgängerbau an der Stelle der Kirche ist.

Fassen wir zusammen, so ergibt sich für die Bauchronologie das folgende Bild: Während andere Plätze im Westen, Norden und Osten des Pfalzareals bereits seit dem späten 8. Jahrhundert bebaut waren, blieb an der Stelle der späteren Kirche zunächst eine Baulücke – jedenfalls wird der Platz nicht von Steinbauten im Maßstab seiner Umgebung gefüllt. Nach 900, vielleicht erst im fortgeschrittenen 10. Jahrhundert wurde an dieser Stelle eine einschiffige Kreuzkirche errichtet, welcher vermutlich in der Nachfolge der frühmittelalterlichen St.-Remigiuskirche die Rolle der Pfalzkirche zukam.

## Der Sakralbezirk im Mitteltrakt

Dieses Areal, das an das nördliche Ende des Hofes der Saalkirche angrenzt, war wegen der Fundamentstrukturen von besonderem Interesse, die bei älteren Grabungen 1909/10 und 1968/69 festgestellt worden waren. Unter diesen befindet sich der Fundamentrest einer geosteten halbrunden Apsis, der jedoch wie die Befunde der älteren Saalplatzgrabungen insgesamt weder nach seiner Zeitstellung noch nach dem baulichen Kontext zuverlässig gedeutet werden konnte. Unsere Untersuchung setzte an diesem Punkt ein und führte nicht nur zur Einbindung der Apsis in die Stratigraphie, sondern auch zur Freilegung von Bauresten eines bislang unentdeckten Vorgängerbaus. Es konnte bald Klarheit darüber erzielt werden, dass an die Ostapsis ein im Verband stehender Mauerwinkel anschließt, dessen Fortsetzung nach Westen bis in den Bereich einer tiefreichenden Bodenverwerfung beobachtet werden konnte. Da der ganze Bau nur im Fundament nachweisbar ist, waren Beobachtungen zur Lage der Fußböden im Apsisbereich und im ehemaligen Langhaus nicht möglich. Gleichwohl konnte der Grundriss und mit ihm der Bautyp im Prinzip geklärt werden: Es handelt sich um einen Saalbau von 12,5 m Breite, an dessen Ostseite eine leicht eingezogene Apsis lag. Das Gebäude zieht über die Reste eines Vorgängerbaues mit drei Konchen hinweg, der offenkundig bei der Errichtung des Saalbaues – im Folgenden Bau II genannt – abgebrochen worden ist (Abb. 3, 5).

Die Form beider Gebäude, auch wenn sie wegen der zerstörten Westbauten in einem Teilbereich nicht geklärt sind, lässt kaum Zweifel über ihre Funktion als Sakralbauten zu. Über die Bauabfolge kann bisher das Folgende gesagt werden: Der Trikonchos (Bau I) wird durch Keramikfunde in das 8./9. Jahrhundert datiert.

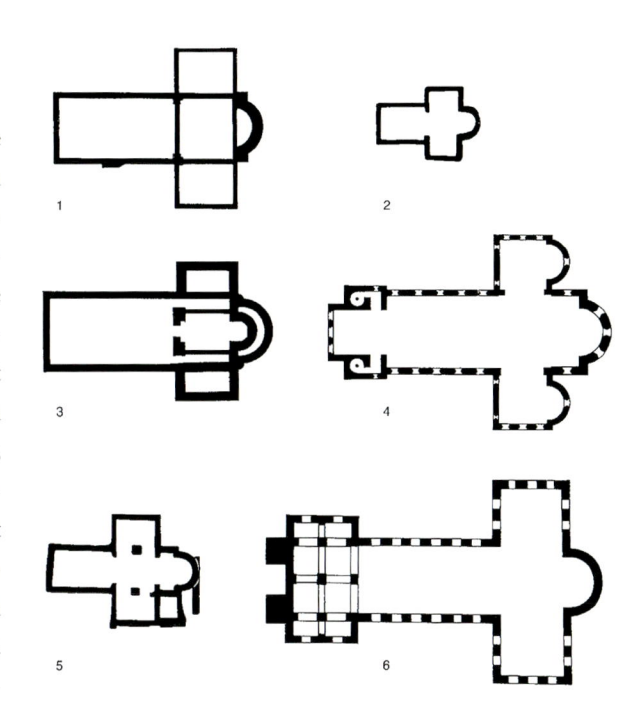

Abb. 4 | Vergleich einschiffiger kreuzförmiger Saalkirchen: 1. Ingelheim, 2. Gebesee, 3. Dortmund, St. Reinoldi, 4. Köln, St. Panthaleon, 5. Libice, 6. Soest, St. Patroklus

Die Frage, zu welcher Zeit das Gebäude zerstört und durch den Apsidensaal ersetzt worden ist, beantworten die Funde nicht. Allerdings erhellt die Keramik aus der Abbruchschicht von Bau II, dass diese Kirche oder Kapelle mindestens bis zum Anfang des 13. Jahrhunderts existiert hat. An ihre Stelle scheint kein Nachfolgebau mehr getreten zu sein. Tatsächlich zeigen die ältesten Pläne des Saalgebietes ab 1621 an dieser Stelle stets eine unbebaute platzartige Fläche, über die hinweg später die Kirchgasse (heute Sebastian-Münster-Straße) trassiert wird.

Abb. 5 | Trikonchos in digitaler Rekonstruktion, Ansicht von Südosten

Baulicher Wandel im Mittelalter | 73

### Die Renovierung profaner Bauten im Hochmittelalter

Die archäologischen Quellen legen den Schluss nahe, dass die bauliche Neuordnung des Sakralbezirks im 10. Jahrhundert keine ähnlich tiefreichenden Veränderungen an den Profanbauten nach sich gezogen hat. Vielmehr zeigen einzelne Änderungen an, dass bestehende Gebäude ertüchtigt und renoviert worden sind.

Die Aula regia gehört zu den Pfalzbauten der im späten 8. Jahrhundert entstandenen Gründungsanlage. Archäologische Ausgrabungen haben zum Nachweis von mindestens vier Renovierungsphasen geführt. Über den Resten des Fußbodens der Periode I lag eine ca. 15 cm starke Abbruchschicht, die planiert und befestigt das Gründungsniveau des zweiten Bodens bildete. Dieser bestand aus einer Steinstickung ohne Bindemittel und aus einem circa 4 cm starken Mörtelestrich, dessen Beschaffenheit eine weitreichende Übereinstimmung mit dem ältesten der in der Kirche gefundenen Böden erkennen ließ. Ebenso wie dort war es letztlich nicht möglich, zwingende Anhaltspunkte für die Beschaffenheit der Lauffläche zu finden. Die Datierung der Fußbodenreste wird durch Keramikfunde aus der Abbruchschicht und der Steinstickung angezeigt, unter denen echte bemalte Pingsdorfer Ware sowie Mayener Ware des 10. und 11. Jahrhunderts vorkommt. Über Art und Umfang der Renovierung liefern Fragmente von mehrfarbig bemaltem Wandputz Aufschluss. Ihre geringe Größe, die selten 7 cm Kantenlänge übersteigt, und die auf etwa 10 Prozent der Fragmente zu beobachtenden Schlagspuren von Spitzhämmern und ähnlichen Werkzeugen zeigen an, dass die Renovierung vermutlich den ganzen Nordteil der Aula regia erfasst hat. Außer den Bodenfunden lieferten schließlich Gerüstlöcher in den Außenmauern Hinweise auf hochmittelalterliche Bautätigkeit. Uta Weimann gelang bereits 1965 die Bergung von zwei offenbar *in situ* (= in Originallage) liegenden Hölzern eines Wandgerüstes. Die Auswertung mit der dendrochronologischen (Datierung anhand von Baumjahresringen) Methode ergab für ein mit Waldkante überliefertes Stück das wahrscheinliche Fälldatum 986 n. Chr. Nach diesen Befunden erfuhr das Innere der Aula regia im 10./11. Jahrhundert mindestens eine durchgreifende Renovierung. Über dem ersten Fußboden wurde ein neuer Estrich eingebracht. Seine Herstellung geht mit dem Abschlagen von Wandputz einher, was bauliche Veränderungen im Nordteil der Halle anzeigt. Jene Bautätigkeit des späten 10. Jahrhunderts, die durch die Rüsthölzer angezeigt wird, könnte zeitgleich stattgefunden haben.

Das am Beispiel der Aula regia Dargelegte erfährt an einzelnen der übrigen Pfalzgebäude Bestätigung, etwa in den deutlichen Hinweisen auf eine Innenrenovierung von Teilen der Exedra, teils sind jedoch auf Grund der bruchstückhaften Überlieferung des Bodenarchivs keine vergleichenden Aussagen möglich. Mit Blick auf das gesamte Pfalzgelände lassen sich aus archäologisch-bauhistorischer Sicht folgende Feststellungen zur baulichen Entwicklung im Hochmittelalter treffen:

- Die Aula regia wird mindestens ein-, vielleicht zweimal durchgreifend renoviert, bleibt ihrem Wesen nach jedoch unverändert.
- Auch an den übrigen Gebäuden sind Baumaßnahmen nachweisbar, jedoch ohne grundsätzliche Veränderungen in deren Raumgefüge. Mit dem Verlust von Teilen der stilistisch und technisch hochstehenden Ausstattung der karolingischen Bauten ist zu rechnen (Fernwasserleitung).
- Die große Kreuzkirche tritt neben einen älteren Sakralbau im Mitteltrakt, beide Kirchen bestehen im Hochmittelalter in Koexistenz mit sicher unterschiedlichen Bestimmungen, wobei die Funktion der Saalkirche auf die der Herrschaftskirche festgelegt gewesen sein dürfte.
- Mit dem Neubau der Saalkirche gegenüber der Aula regia wird eine seit dem späten 8. Jahrhundert bestehende Baulücke geschlossen. Neben die teils auf antike Vorbilder zurückgehende Pfalzarchitektur der karolingischen Zeit trat nun mit der Errichtung der Kreuzkirche ein Neubau von originär hochmittelalterlicher Prägung (Abb. 6).

## DIE BAULICHE ENTWICKLUNG IM 12./13. JAHRHUNDERT

Darauf, dass die Pfalz Ingelheim bald nach der Mitte des 12. Jahrhunderts ein zweites Mal baulich überformt wurde und das Geschehen seinen Widerhall in der höfischen Geschichtsschreibung fand, hat der Bauforscher Walter Hotz ausführlich hingewiesen (Hotz 1988). Der Biograph Friedrichs I. Barbarossa, Rahewin, greift in den „Gesta Friderici" literarisch und motivisch auf die 350 Jahre ältere „Vita Karoli Magni" des Einhard zurück. Wie dieser stilisiert Rahewin Friedrich I. zu einem ehrgeizigen und erfolgreichen Bauherrn, so wie es Karl nach Einhards Karls-Vita gewesen ist. In Buch IV, Kapitel 86 berichtet er: „Die herrlichen, einst von Karl dem Großen errichteten Pfalzen und die mit großer Kunstfertigkeit ausgeschmückten Königshöfe in Nijmegen und bei dem Hof Ingelheim, äußerst starke, aber durch Vernachlässigung und Alter schon sehr morsch gewordene Bauwerke, hat er aufs herrlichste wiederhergestellt und dabei seine außergewöhnliche, ihm angeborene Hochherzigkeit bewiesen." (Rahewin, Gesta Friderici). Beide Berichte, deren Verfasser je aus großer persönlicher oder zeitlicher Nähe berichten, sind als Baunachrichten von unschätzbarem Wert. Als Quelle für die Rekonstruktion der Bauten selbst fallen sie mangels Angaben über die Lage, Form und Größe aus. Unsere Skizze setzt sich daher in dem Versuch fort, die Pfalzarchitektur am erhaltenen Bestand und insbesondere auf der Grundlage archäologischer Quellen in ihren wesentlichen Baumerkmalen zu charakterisieren.

Abb. 6 | Saalkirche 2010, Ansicht von Südosten, und Bauskulptur am Chor (oben rechts) und Chorflankenturm (oben links)

## Pfalzkirche

Bei Fundamentschachtungen 1960–1963 gelang im Südquerhausarm und im Apsisbereich der Nachweis einer Erneuerung des aufgehenden Mauerwerks, die bis auf die zweite Steinlage über dem Fundamentvorsprung hinabreichte. Im Zuge derselben Baumaßnahme wurden auf die Spannmauern der Vierung sekundär die Substruktionen derjenigen Wandvorlagen aufgesetzt, die Last und Schub der Vierungsbögen aufnehmen. Mit diesem Umbau wurden die zuvor vermutlich niedrigen

Baulicher Wandel im Mittelalter | 75

Querhausarme auf die volle Höhe der Vierung gebracht, und die Apsis erhielt zwei im Grundriss quadratische Flankentürme. Auch die innen und in wenigen Resten am Außenbau erhaltene Bauskulptur entspringt dieser Periode. Ihr wohnt, neben den Bodenfunden, eine hohe Aussagekraft für die Datierung inne. Ganz überwiegend sind die Kämpfer, Konsolen und Friese stilistisch kennzeichnende Formen romanischen Bauschmucks, die in die Mitte und in die zweite Hälfte des 12. Jahrhunderts datieren: Röllchenkämpfer, die mit Masken bärtiger Gestalten dekorierten Auflager der Chorflankentürme und der Rundbogenfries der Apsis mit figuralen Konsolen. Bis auf weiteres gibt es kein abschließendes Urteil über jene Kämpfer mit einfachem Profil und die Palmettenkämpfer der Vierung, die sowohl romanische Schöpfungen sein können als auch, wie bislang überwiegend geschehen, dem 10. Jahrhundert zuweisbar sind.

Entscheidend ist dies für unsere Darstellung nicht, denn auf Grund der skizzierten Einzelbeobachtungen und -datierungen lässt sich mit hinreichender Klarheit folgern, dass die zweite Bauperiode der Pfalzkirche eine durchgreifende, vermutlich alle Bauteile erfassende Neugestaltung bedeutete, deren Realisierung vor 1200 abgeschlossen war.

Insoweit ist der Gesamtbefund von deutlich anderer Art als im Fall der Aula regia. Zwar blieben auch bei der Renovierung des Sakralbaus dessen Grundriss, die räumliche Ausdehnung und der Bautyp unverändert, während aber die für das artifizielle Erscheinungsbild maßgeblichen Bauteile modernisiert und dem „romanischen" Form- und Stilempfinden der zweiten Hälfte des 12. Jahrhunderts angepasst wurden (Grewe 2007).

## Aula regia

Alle auswertbaren archäologischen Befundkomplexe legen den Schluss nahe, dass die Aula regia während des Mittelalters nur geringfügig baulich verändert wurde. Es hat vielmehr den Anschein, dass die Mehrzahl der Maßnahmen auf Erhaltung und Renovierung zielten. Hölzer in den Längswänden, die wohl von Gerüsten herrühren, und Reparaturen der Fußböden zeigen solche bestandserhaltende Renovierungen vom 10.–14. Jahrhundert an.

In dem hier interessierenden Zeitraum wurde ein neuer Fußboden groß- oder vollflächig eingebracht, dessen aus Lehm und Steinmaterial bestehende Stickung inmitten moderner Bodenstörungen auf kleinen Flächen nachgewiesen werden konnte. Das keramische Material und die stratigraphische Einbindung datieren diese Reste in das 12. / frühe 13. Jahrhundert. Die für unsere Fragestellung erwünschte absolutchronologische Trennschärfe ist auf Grund der fragmentarischen und in der Menge geringen Materialüberlieferung nicht zu erzielen.

Gleichwohl ist es offenbar, dass die Aula regia unter Dach stand und genutzt wurde und, dass ihre ursprüngliche, aus der römischen

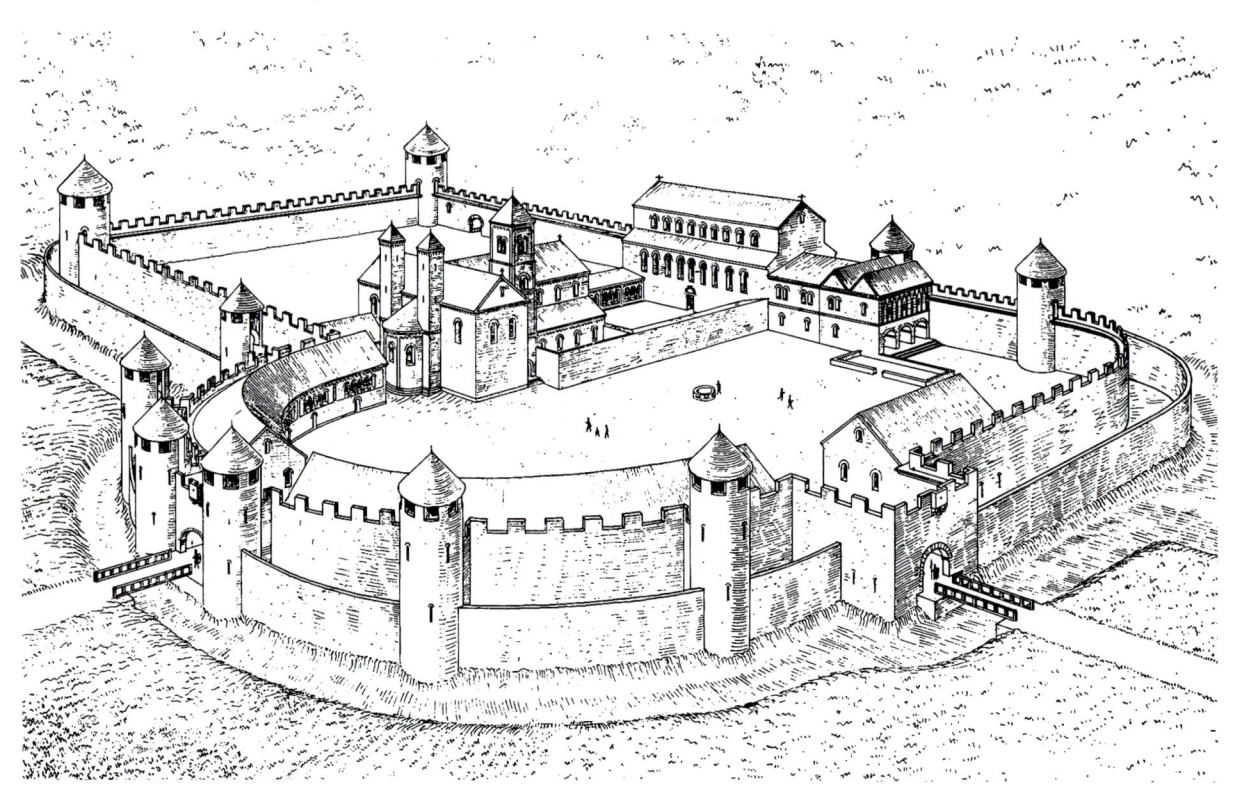

Abb. 7 | Rekonstruktion der Pfalz Ingelheim „in romanischer Zeit" nach C. Rauch

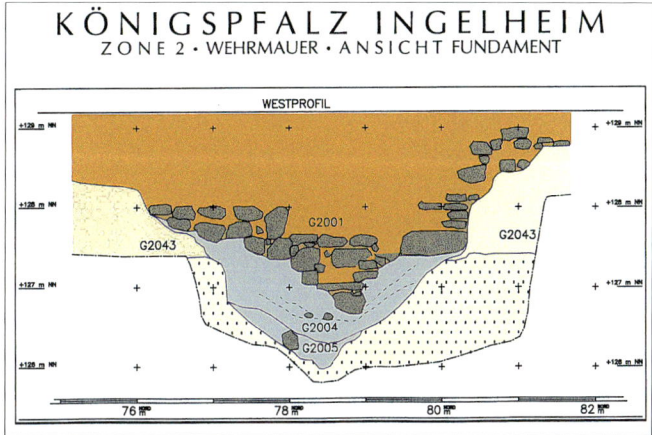

Abb. 8 | Wehrmauer in der Karolingerstraße. Links: Fundamentsondage, Rechts: Graben mit Verfüllung und zweiphasiger Überbauung, Foto und Profilzeichnung

(Spät-)Antike herrührende und im Frühmittelalter errichtete Baukubatur erhalten blieb. Dieser Gesamtbefund spiegelt eine – zumal für Profanbauten – ungewöhnlich lange Kontinuität von Form und Nutzung. Unter der Prämisse, dass wir in dem Bau des 12. Jahrhunderts weiterhin die Königs- oder Thronhalle sehen, dürfte sogar das Apsis-Halbrund mit dem erhöhten Boden nach wie vor der wichtigste Platz für die Repräsentation königlicher Herrschaft in der ganzen Pfalzanlage gewesen sein. Mit Gewissheit kann aber aus diesen Feststellungen gefolgert werden, dass die Aula regia, wie schon im Frühmittelalter, auch in der Stauferzeit ein baustilistisch höchst ungewöhnliches, im Formenschatz der zeitgenössischen Architektur nicht verankertes Bauwerk war. Der Unterschied ihrer Kubatur und Gliederung zu den Palas- und Saalgeschossbauten der Stauferzeit wie in Gelnhausen, Kaiserslautern, Wimpfen und auf der Wartburg könnte kaum größer sein.

## Wehrbauten

Unter den aus archäologisch-bauhistorischer Sicht drängenden Fragen steht die nach der Fortifikation der Pfalzanlage obenan. Es ist lange bekannt, dass die Pfalz zu Paderborn vom Beginn ihrer Entwicklung im letzten Drittel des 8. Jahrhunderts an über eine burgartig starke Befestigung verfügte, während diejenige in Frankfurt am Main noch im 9. Jahrhundert nachträglich mit Wallgräben und einer Mauer umgeben worden ist (Winkelmann 1971, Gockel 1996). Ottonische und salische Pfalzgründungen waren offenbar durchwegs befestigt und überwiegend in naturräumlicher Schutzlage errichtet. Im 12./13. Jahrhundert schließlich sind die Grenzen zwischen Pfalzen- und Burgenarchitektur fließend und die semantische Unterscheidbarkeit geht in der Wortwahl der Quellen ganz überwiegend verloren (Thon 2002). Wie aber stand es um den Wehrcharakter der Pfalz Ingelheim in staufischer Zeit?

Die kritische Würdigung aller bislang ins Feld geführten Argumente für das Vorhandensein starker Verteidigungsanlagen führt den Mangel an funktional unstrittigen, datierten Baubefunden vor Augen: Jene Ringmauer, die nach C. Rauch in der Rekonstruktion von 1976 das beherrschende Element der Pfalzbefestigung „in romanischer Zeit" ist, datiert im Vergleich zu Orts- und Stadtbefestigungen derselben Bauart – zumindest im aufgehenden Mauerwerk – nicht vor 1300 (Abb. 7). Eine Probenreihe von dendroarchäologisch analysierten Holzbalkenresten, die bei bauhistorischen Untersuchungen am Heidesheimer Tor *in situ* (= in Originallage) angetroffen wurden, ergab sogar Fälldaten im letzten Viertel des 14. Jahrhunderts.

Baulicher Wandel im Mittelalter | 77

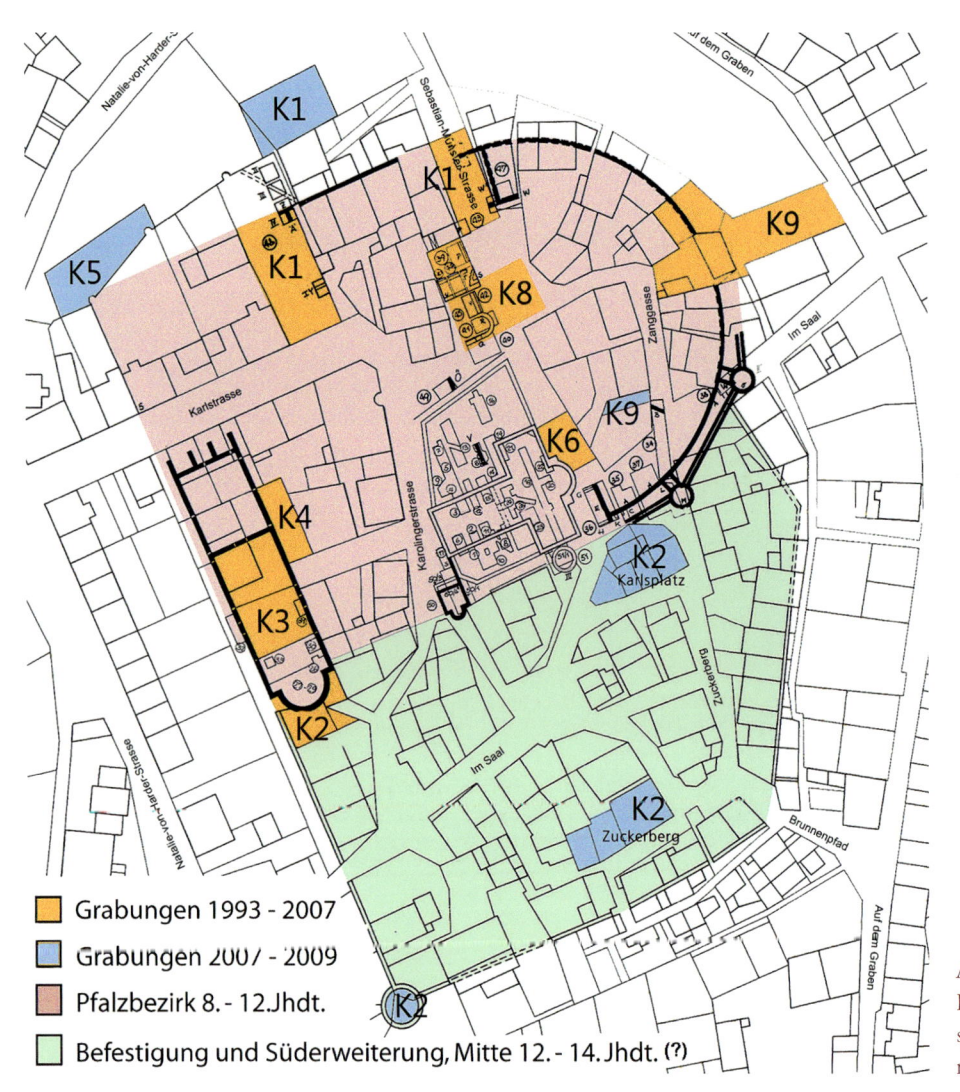

Abb. 9 | Lageplan Saalgebiet mit Kennzeichnung der hoch- und spätmittelalterlichen Erweiterung nach Süden (grün)

- Grabungen 1993 - 2007
- Grabungen 2007 - 2009
- Pfalzbezirk 8. - 12. Jhdt.
- Befestigung und Süderweiterung, Mitte 12. - 14. Jhdt. (?)

Erst in jüngster Zeit waren Beobachtungen möglich, die das Vorhandensein einer früh- und hochmittelalterlichen Pfalzbefestigung anzeigen (Abb. 8). Allerdings ist die Absicherung der bei Grabungskampagnen 2008/2009 erzielten Ergebnisse an weitere Untersuchungen geknüpft, namentlich an die Bergung von stratifiziertem Fundmaterial. In Kürze und unter Vorbehalt: Südlich der durch Aula regia und Saalkirche gebildeten Baugrenze der Pfalz wurde ein parallel verlaufender Spitzgraben entdeckt, der circa 3 m tief in das Vorgelände einschnitt. Ein begleitender Wall, Mauern oder eine Palisadenreihe konnten in dem durch Wohnhäuser eng begrenzten Untersuchungsausschnitt bislang nicht identifiziert werden. Die Verfüllung des v-förmigen Grabens weist lediglich dicht über der Sohle eine Sedimentationszone auf, während die Schichten darüber offenbar planvoll eingefüllt und planiert worden sind. Aus dem Füllmaterial wurde vorwiegend hochmittelalterliche Keramik geborgen; aus den unteren Schichten stammen aber auch einige ältere Scherben, die noch in das 9. Jahrhundert datieren. Das vorläufige Untersuchungsergebnis erinnert an einen Bodenaufschluss, der 2001 bei Sanierungsarbeiten an der Ringmauer eine zunächst isoliert stehende Beobachtung ermöglichte. Unter deren Fundament legte der Bagger einen ebenfalls v-förmigen Graben frei, dessen Sohltiefe und Baufucht mit dem vorerwähnten Befund übereinstimmen. Zusammengenommen lässt sich zwischen den Beobachtungspunkten ein Grabenbauwerk von 90 m Länge rekonstruieren, das zwischen 6 und 10 m von den Pfalzgebäuden abgerückt das südliche Vorgelände durchzog. Weiterhin verdient eine Baufuge Aufmerksamkeit, welche die zweiperiodige Entwicklung der Ringmauer anzeigt: Unter dem Mauerfuß der offenkundig spätmittelalterlichen Umwehrung sitzt die Fundamentierung einer älteren Mauer in derselben, auf den südlich gelegenen Zuckerberg zielenden Richtung. Es war im Baubetrieb nicht möglich, datierende Funde oder sonstige Anhaltspunkte zu finden. Nur relativchronologisch bleibt festzuhalten, dass die spätmittelalterliche Ringmauer zumindest hier an der Westflanke des Pfalzgeländes einen vermutlich ähnlich dimensionierten Vorgängerbau besaß. Bei allen Befunden handelt es sich unzweifelhaft um Bauten mit fortifikatorischem Charakter. Alle liegen im

Abb. 10 | Sekundär eingebrochene Bogenscharten wie hier am Nordtrakt sind weitere Zeugnisse der fortifikatorischen Ertüchtigung im Hochmittelalter

südlichen Vorgelände der von der Aula regia, dem Nordflügel, der Pfalzkirche und der exedraförmigen Halbkreisarchitektur gebildeten Kernbebauung. Dieses wurde offenbar nach und nach für die Pfalz hinzugewonnen, nachdem der ältere Verteidigungsgraben verfüllt und überbaut worden war (Abb. 9). Die Chronologie ist, mit Ausnahme der Feststellung einer hochmittelalterlichen Entwicklung, aus den dargelegten Gründen heute noch nicht klar nachzuvollziehen. Die Aussicht auf den Fortgang der Grabungen nährt Hoffnungen, dass es sich dabei um einen temporären Zustand handelt.

## Gesamtbild

Die kurze Übersicht über drei zentrale Bauelemente der Pfalz Ingelheim zielte darauf, ihre Entwicklung im 12./13. Jahrhundert zu beschreiben. Dabei zeigt es sich, dass den baulichen Veränderungen offenbar sehr verschiedenartige Absichten zu Grunde gelegt worden sind. Der Umbau der Pfalzkirche bewirkte tiefe Eingriffe in die vorhandene Substanz in der Absicht, den Sakralbau dem Form- und Stilempfinden der Zeit umfassend anzupassen. Davon blieben allerdings die Bauform insgesamt und die Größe unberührt. Im Unterschied dazu bewirkte der Ausbau der Pfalzbefestigung im Laufe des Hochmittelalters weitreichende Veränderungen sowohl im Erscheinungsbild als auch in der Ausdehnung des Pfalzareals, das eine bedeutende Vergrößerung erfuhr. Das dritte Beispiel – die Aula regia – veranschaulicht, wie das Hauptgebäude über Jahrhunderte hinweg durch minimal eingreifende Reparaturen, die lediglich der Bestandserhaltung gegolten haben, in seinem ursprünglichen Erscheinungsbild bewahrt werden sollte. Diese auf Bewahrung eines älteren Zustandes zielende Intention war aber offenbar die vorherrschende, wie es zwei weitere Bauteile anzeigen: Auch der Nordflügel (Abb. 10) und besonders der den u-förmigen Gesamtgrundriss am stärksten prägende Halbkreisbau bestanden in der frühmittelalterlichen Bauform fort. Lediglich die Binnengliederung wurde verändert und darüber hinaus vielleicht Putz, Farbe und Bauausstattung – vermutete Renovierungen also, die sich dem archäologischen Nachweis in den meisten Fällen entziehen. Man wird aber mit der Vermutung nicht falsch liegen, dass demgegenüber die eigentümliche, der zeitgenössischen Baukunst fremde Form der Halbkreisarchitektur mit ihren antiken Spolien und antikisierenden Elementen das Erscheinungsbild dominierte.

Das Gesamtbild der Pfalz Ingelheim in staufischer Zeit war demnach in mindestens demselben Maße, wie es dem fortifikatorischen Fortschritt und dem sowohl funktionalen als auch stilistischen

Wandel unterworfen worden ist, nachhaltig geprägt durch die Konservierung ihrer ursprünglichen, in karolingischer Zeit grundlegenden Bauform. Deren Gipfelpunkt war und blieb die Aula regia, die schon zu ihrer Entstehungszeit ein in der Nachfolge älterer Bautraditionen stehender Bedeutungsträger war.

## Imitatio Karoli

Aus dieser grundlegenden Einsicht leitet sich die Frage ab, welche Gründe für den Um- und Ausbau sowie für die Wiederherstellung der älteren Bauteile vorlagen, deren Aufwand an Kosten und Zeit immerhin beträchtlich gewesen sein dürften. Die Frage muss mit umso größerem Nachdruck gestellt werden, als die Zählung der gesicherten Königsaufenthalte einen vollständigen Bedeutungsniedergang Ingelheims bereits in spätsalischer Zeit indiziert. Sogar der viel zitierte, im Riesencodex der Hildegard von Bingen überlieferte Aufenthalt Friedrichs I. Barbarossa von 1163 muss bei kritischer Lesart neuerdings in Frage gestellt werden (Felten 2001). So wäre dann Heinrich VI. der einzige Staufer, der die Pfalz im 12. Jahrhundert aufsuchte. Ihre Bedeutung für den Aufenthalt des Königs ging zu Gunsten anderer Pfalzorte im Rhein-Main-Gebiet allmählich verloren, allen voran Mainz, das bereits vom Beginn des 2. Jahrtausends an durchweg mehr Königsgastungen verzeichnete.

Abseits von utilitaristischen Betrachtungen liefert Rahewin in dem eingangs erwähnten Bericht einen Grund von ganz anderer Natur für die Wiederherstellung der Bauten in Nimwegen und Ingelheim: Sie seien von Karl dem Großen errichtet und ausgeschmückt, inzwischen vernachlässigt und aus diesem Grund von Friedrich I. Barbarossa wiederhergestellt worden.

Noch weitgehend in Unkenntnis über archäologische und bauhistorische Zeugnisse von gesicherter Art urteilte C. Brühl 1968 über die von Rahewin benannten beiden Orte: „[…] einen praktischen Zweck erfüllten diese Pfalzen nicht mehr […]", um ihre Wiederherstellung sodann als ein Zeugnis von *Imitatio Karoli*, einer programmatischen Retrospektive Friedrichs I. Barbarossa, zu identifizieren (Brühl 1968).

Tatsächlich war ja Karl der Große durch die „Vita Karoli Magni" als Bauherr dieser Paläste und der Marienkapelle in Aachen von seinem Biographen Einhard für die Nachwelt verewigt worden. Rahewin griff nicht nur diesen Erzählstrang, sondern die Vita insgesamt auf, deren literarische Form und Wirkung er für den eigenen Tatenbericht Friedrichs I. adaptierte. Auch die Architektur wurde so zu einem Bestandteil der staufischen *Imitatio Karoli*, die auf dem Gebiet bauschöpferischer Leistungen in der Pfalz Ingelheim augenfällig und materiell begreifbar wurde (Grewe 2010).

In selten klarer Übereinstimmung zeigen sowohl die Urkunden wie auch der archäologische Befund an, dass die Pfalz für mehr als ein halbes Jahrtausend in Nutzung stand und dabei mehrfach baulich verändert wurde. Drei Bauperioden in karolingischer, ottonischer und staufischer Zeit sind archäologisch datierbar und hinsichtlich ihrer Bauentwicklung klar umrissen, wobei sich jede Periode in mehrere Bauphasen untergliedert, die jedoch beim Stand der Ausgrabungen heute teils noch nicht mit absolutchronologischen Daten verknüpft sind. Am Ende dieser Entwicklung, für das die Verpfändung im Jahr 1375 steht, war aus der repräsentativen Palastanlage antiker Prägung eine Burg geworden, deren Funktion als repräsentativer Königsaufenthaltsort von der Verteidigungsfunktion utilitaristischer Wehrbauten gänzlich abgelöst worden ist.

Nach 1375 wurde das Pfalzgebiet für die Besiedlung frei gegeben mit der Folge, dass durch Abbruchtätigkeit, den Raubbau wertvoller Steindenkmäler und die Überprägung durch eine viel kleinteiligere Struktur von Höfen, Wohn- und Wirtschaftsbauten die Pfalzarchitektur unterging. Heute ist das Denkmal in seiner ganzen Ausdehnung überbaut. Nur wenige stehende Reste sind obertägig sichtbar, während das historische Archiv im Boden liegt und erst durch archäologische Ausgrabungen überhaupt zugänglich wird.

## QUELLEN

Einhard: *Einhardi Vita Karoli Magni*, ed. G.H. Pertz/G. Waitz, cur. O. Holder-Egger (1911), hier zitiert nach: Scherabon-Firchow, Evelin: Einhard. Vita Karoli Magni – Das Leben Karls des Großen, Stuttgart, 1968.

Goethe, Johann Wolfgang: *Ueber Kunst und Alterthum in den Rhein- und Mayn-Gegenden*, Stuttgart 1817, S. 25, 26.

Rahewin: *Gesta Friderici imperatoris*, ed. G. Waitz/B. Simson (1912), hier zitiert nach: Deutinger, Roman: Rahewin von Freising. Ein Gelehrter des 12. Jahrhunderts, Hannover 1999.

## LITERATUR

Ament, Hermann/Sage, Walter/Weimann, Uta: *Die Ausgrabungen in der Pfalz zu Ingelheim am Rhein in den Jahren 1963 und 1965*, in: Germania 46, 1968, S. 291–312.

Binding, Günther: *Deutsche Königspfalzen. Von Karl dem Großen bis Friedrich II. (765–1240)*, Darmstadt 1996.

Brühl, Carlrichard: *Fodrum, Gistum, Servitium regis. Studien zu den wirtschaftlichen Grundlagen des Königtums im Frankenreich und in den fränkischen Nachfolgestaaten Deutschland, Frankreich und Italien vom 6. bis zur Mitte des 14. Jahrhunderts* (= Kölner historische Abhandlungen 14/1), Köln 1968.

Classen, Peter: *Die Geschichte der Königspfalz Ingelheim bis zur Verpfändung an Kurpfalz 1375*, in: Johanne Autenrieth, Ingelheim am Rhein (Ingelheim 1964), S. 87–146.

Felten, Franz: *Novi esse uolunt ... deserentes bene contritam uiam ... Hildegard von Bingen und Reformbewegungen im religiösen Leben ihrer Zeit*, in: „Im Angesicht Gottes suche der Mensch sich selbst". Hildegard von Bingen 1098–1179, hg. von Rainer Berndt (Eruditi sapientia 2), Berlin 2001, S. 27–86.

Gockel, Michael u. a.: *Frankfurt*, in: Die deutschen Königspfalzen. Repertorium der Pfalzen, Königshöfe und übrigen Aufenthaltsorte der Könige im deutschen Reich des Mittelalters, Bd. 1, Hessen, hg. von Max-Planck-Institut für Geschichte, Göttingen 1996.

Grewe, Holger: *Visualisierung von Herrschaft in der Architektur*, in: Weinfurter, Stefan u. a. (Hg.), Staufisches Kaisertum im 12. Jahrhundert. Konzepte – Netzwerke – Politische Praxis. Regensburg 2010, S. 383–404.

ders.: *Die bauliche Entwicklung der Pfalz Ingelheim im Hochmittelalter am Beispiel der Sakralarchitektur*, in: Zentren herrschaftlicher Repräsentation im Hochmittelalter. Geschichte, Architektur und Zeremoniell, hg. von Caspar Ehlers/Jörg Jarnut/Matthias Wemhoff (Veröffentlichungen des Max-Planck-Instituts für Geschichte 11/7) Göttingen 2007, 101–120.

ders.: *Die Königspfalz zu Ingelheim am Rhein*, in: Stiegemann, Christoph/Wemhoff, Matthias (Hg.) 799 – Kunst und Kultur der Karolingerzeit, Mainz 1999, III, S. 142–151.

Hotz, Walter: *Pfalzen und Burgen der Stauferzeit. Geschichte und Gestalt*, Darmstadt 1988.

Jacobi, Hans Jörg/Rauch, Christian: *Ausgrabungen in der Königspfalz Ingelheim 1909–1914* (= Monographien RGZM II), 1976.

Rauch, Christian: *Nieder-Ingelheim. Ausgrabungen in der Kaiserpfalz*, in: Römisch-Germanisches Korrespondenzblatt 3, 1910, S. 66–71.

Ders.: *Die Pfalz Karls des Großen zu Ingelheim am Rhein*, in: Neue deutsche Ausgrabungen, hg. v. Gerhardt Rodenwaldt, Münster 1930, S. 273.

Sage, Walter: *Die Ausgrabungen in der Pfalz zu Ingelheim am Rhein 1960–1970*, in: Francia 4, 1976, S. 141–160.

Ders.: *Vorbericht über neue Ausgrabungen im Gelände der Pfalz zu Ingelheim am Rhein*, in: Germania 40, 1962, S. 105–116.

Schmitz, Hans: *Pfalz und Fiskus Ingelheim*. Untersuchungen und Materialien zur Verfassungs- und Landesgeschichte 2, Marburg 1974.

Thon, Alexander: Studien zu Relevanz und Gültigkeit des Begriffes „Pfalz" für die Erforschung von Profanbauwerken des 12. und 13. Jahrhunderts, in: Burgenbau im 13. Jahrhundert, hg. von der Wartburg-Gesellschaft zur Erforschung von Burgen und Schlössern in Verbindung mit dem Germanischen Nationalmuseum (= Forschungen zu Burgen und Schlössern 7), München 2002.

Wengenroth-Weimann, Uta: *Die Grabungen an der Königspfalz zu Nieder-Ingelheim in den Jahren 1960–1970*, in: Beiträge zur Ingelheimer Geschichte 23, 1973.

Winkelmann, Wilhelm: *Die karolingische Burg in Paderborn*, in: Archäologisches Korrespondenzblatt 1, 1971, S. 185–189.

Katasterplan vom Saalgebiet, 1812

*Caroline Eva Gerner*

# ZWISCHEN MITTELALTER UND MODERNE

„Wo sich ein Prachtbau zeiget, von hundert Säulen getragen" (Ermoldus Nigellus, In honorem hludowici) – auch wenn es wohl nicht hundert Säulen waren, wie es im Lobgedicht von Ermoldus Nigellus aus dem Jahr 826 heißt, so spielten in der Ingelheimer Pfalz zahlreiche Säulen eine wichtige Rolle in der repräsentativen Architektur. Anhand ihrer Geschichte lassen sich die wechselvollen Ereignisse der vergangenen Jahrhunderte nachvollziehen. Gegen Ende des 14. Jahrhunderts verlor Ingelheim seine politische Bedeutung, und bereits seit 1354, nach der Gründung eines Stifts in der Aula regia, diente die Thronhalle nicht mehr als Herrscherpalast. 1375 hatte Kaiser Karl IV. den Ingelheimer Grund zusammen mit dem Oppenheimer Reichsgut Kurfürst Ruprecht als Pfand übertragen, 1376 wurde der Pfandbesitz erblich. Bereits seit Mitte des 14. Jahrhunderts wurden Ingelheim und weitere Reichsgebiete von Karl IV. aus finanziellen Gründen mehrfach verpfändet, was weitgehend ohne Folgen blieb. Dagegen stellt die erbliche Pfandherrschaft an die Pfalzgrafen aus politischen Gründen einen Wendepunkt dar: Um die Wahl seines Sohnes, Wenzel von Böhmen, zum deutschen König zu sichern, brauchte Kaiser Karl IV. die Stimme des Kurfürsten Ruprecht. Die erbliche Pfandherrschaft hatte zur Folge, dass Ingelheim in territoriale Auseinandersetzungen verwickelt wurde. Der pfälzische Kurfürst und spätere deutsche König Ruprecht III. übertrug die Pfandschaft an seinen Sohn, Kurprinz Ludwig, der seinen Besitz im Jahr 1407 antrat (Steitz 1987). Bereits 1402 hatte König Ruprecht das befestigte Saalgebiet zur Besiedelung freigegeben. In den folgenden kriegerischen Auseinandersetzungen, etwa den Belagerungen des Erzbischofs von Mainz 1460–1462 und durch Landgraf Wilhelm von Hessen im Jahr 1504, zeigte sich die Standhaftigkeit der wehrhaft ausgebauten Anlage: Die offene Ortschaft brannte nieder, während die Mauern den Bewohnern sicheren Schutz boten. Sie errichteten ihre Häuser direkt an den Mauern der Kaiserpfalz, um Baumaterial zu sparen und von der Stabilität der über Jahrhunderte befestigten Bauten zu profitieren. Diesem Umstand verdanken wir heute den im Vergleich zu anderen Pfalzen karolingischen Ursprungs außerordentlich guten Erhaltungszustand – die Wehrmauern und -türme sind auch auf der gezeichneten und farbig aquarellierten Karte des Rheinlaufs von 1573 deutlich sichtbar (Tafel 15, S. 62). In Bezug auf die transportablen – und auch besonders dekorativen – Architekturelemente, wie Säulen und Kapitelle, stellt sich die Lage der materiellen Überlieferung allerdings gegenteilig dar – nur wenige Stücke haben sich in Ingelheim erhalten.

## VOM PALAST ZUM WOHNGEBIET

Einen Eindruck der dichten Besiedelung zu Beginn der Neuzeit vermittelt die Darstellung des Ingelheimer Gelehrten Sebastian Münster (1488–1552), der in seinem mehrbändigen Werk „Cosmographia – Die Beschreybung aller Länder" auch seiner Heimatstadt Ingelheim einen Abschnitt widmet (Münster 1544). Die Abbildung gilt als die früheste Darstellung des Pfalzgebietes: Sie zeigt den Ortsteil Nieder-Ingelheim, vollständig umschlossen von den Zinnen der staufischen Wehrmauer. Das Tor im vorderen Bereich, der durch Doppelarkadenfenster gegliedert wird, ist über eine Brücke zu erreichen. Die historisch-geographische Weltbeschreibung mit illustrierenden Holzschnitten wurde mehrfach aufgelegt. In den frühen Ausgaben ab 1544 ist die neuzeitliche Bebauung des Saalgebietes wenig ausgeprägt, während in der Publikation, die 1550 oder später entstanden ist, sich stereotyp Dach an Dach reiht. Diese bis auf die vorderen Bauwerke eher schematisch gehaltene Illustration einer für einen Zeitraum von lediglich sechs Jahren doch recht rasanten Entwicklung sollte jedoch nicht als „realistische" Schilderung verstanden werden. (Tafel 16 und 17, S. 62 und 63). So unterscheiden sich die beiden Versionen durch weitere Details, wie etwa bei den Wappen (der Reichsadler auf Wehrmauern für Nieder-Ingelheim, ein Kreuz für die Herren von Ingelheim) und der Positionierung des Kirchturms, der auf die Saalkirche hinweist. Auffällig ist beim jüngeren Holzschnitt die schriftliche Bezeichnung „Monasteriu" (Monasterium/Kloster) an einem der vorderen Gebäude, der Aula regia – damit

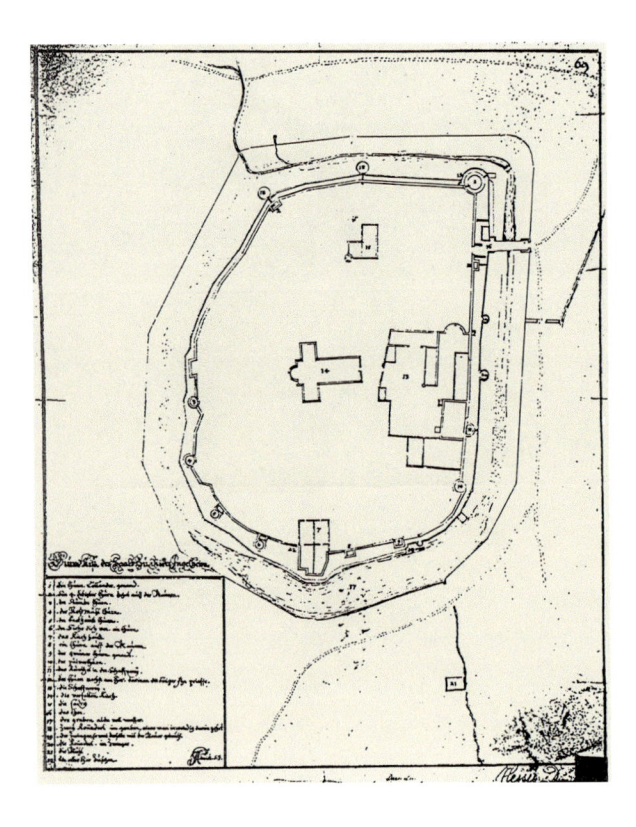

Abb. 2 | Historisches Foto des Harder-Hauses, um 1900

Abb. 1 | „Marksburgplan" – Plan des Saalgebiets, Reproduktion eines Plans aus der Mitte des 17. Jh., der ursprünglich auf der Marksburg lag

bezieht sich Sebastian Münster vermutlich auf die Umwandlung der Thronhalle in ein Augustiner-Chorherrenstift 1354 unter Kaiser Karl IV. (die Aufhebung erfolgte 1576 im Rahmen der Einführung des protestantischen Glaubens während der Reformation, die bereits 1556 unter Kurfürst Ottheinrich Einzug gehalten hatte). Ebenfalls mit einem Schriftzug versehen ist der große Wehrturm, der nach den dort vielleicht ansässigen Pfalzwächtern benannte „Bolander" (‚Bolader' bei Sebastian Münster). In seinem Text zur Ausgabe der „Cosmographia" von 1550 beschreibt der bedeutende Humanist, dass Pfalzgraf Ludwig V. Säu-

Abb. 3 | Ein historisches Foto der Ingelheimer Bauskulptur in der Steinhalle des heutigen Landesmuseums Mainz

len aus Ingelheim in die kurpfälzische Haupt- und Residenzstadt Heidelberg bringen ließ. Bis heute zieren sie, als Zeichen imperialer Macht – wie bereits bei Karl dem Großen – die Brunnenhalle des Heidelberger Schlosses. Eine weitere Säule wurde wahrscheinlich in den kurpfälzischen Verwaltungssitz Oppenheim abtransportiert, um die Burg Landskron zu schmücken. Später diente sie als Kriegerdenkmal für den Krieg 1870/1871 neben dem Rathaus. Auch im Wiesbadener Kurpark steht wahrscheinlich eine Säule aus Ingelheim. Weitere Spolien werden im Kloster Eberbach, im Haxthäuser Hof bei Ingelheim und in Bingen vermutet. Aber auch lokale Interessenten nutzten die Verfügbarkeit der Bauskulptur seit dem späten Mittelalter (vgl. den Beitrag von Britta Schulze-Böhm zur Bauskulptur). In der Ober-Ingelheimer Burgkirche konnte das im 8. Jahrhundert geschaffene Flügelpferdrelief im Stil langobardischer Kunst geborgen werden. Es wird heute im Landesmuseum Mainz ausgestellt, das Museum bei der Kaiserpfalz zeigt eine Kopie in der Dauerausstellung (siehe S. 2–3).

Abb. 4 | Fotografie der Aula regia, um 1900

84 | Caroline Eva Gerner

Abb. 5 | Radierung vom Mainzer „Thiermarkt", dem heutigen Schillerplatz, um 1810

*Das Jungfräuliche Kloster St. Agneten in Mainz auf dem Thiermarkt, dessen Kirche wurde 1809 abgerissen, um die Ludwigs Straße zu bilden.*

Möglicherweise lief die Abwicklung der Transporte in die weiter entfernten Orte über den Pfalzverwalter, der in Ingelheim die Interessen der Kurpfalz vertrat. Er arbeitete in dem „Schaffnerei" genannten Gebäude im ehemaligen Stiftsgebäude der Augustiner-Chorherren bei der Aula regia, seine Aufgabe bestand in der Verwaltung der Ingelheimer Abgaben an die Kurpfalz, deren Verwaltungssitz in Oppenheim lag. Am Eingang des Hauses in der Straße Zuckerberg 26 befindet sich ein Türrahmen aus rotem Sandstein, auf dem ein Doppeladler sowie die Jahreszahl „1612" zu erkennen ist. Er stammt vermutlich von der „Schaffnerei" und wurde in der zweiten Hälfte des 20. Jahrhunderts in das Haus am Zuckerberg eingemauert. Dass es sich bei der Schaffnerei um einen Umschlagplatz für Ingelheimer Bauskulptur handeln könnte, lassen die Funde von Säulenkapitellen durch Johann Daniel Schöpflin und Karl August von Cohausen vermuten. Im 17. Jahrhundert besaß das Gebäude beeindruckende Maße, wie der sogenannte Marksburgplan (Abb. 1) zeigt (Flath 2005). Auf dem Gelände der „Schaffnerei" stand im 19. Jahrhundert das schlossartige Landhaus von Natalie von Harder (1803–1882), die sich als Gründerin eines Hospitals und eines Waisenhauses für das Gemeinwohl engagierte. In diesem Zusammenhang machte der Architekt Philip Strigler im Jahr 1873 eine wichtige Entdeckung in Bezug auf die ursprüngliche Gestalt der karolingischen Kaiserpfalz. Als er im Auftrag eines französischen Sektfabrikanten, Guillome De Bary, die neuzeitliche Bebauung nördlich der Aula regia sprengte, um Platz für ein neues Haus zu schaffen, entdeckte er die Reste einer dreischiffigen Toranlage mit Narthex (Vorhalle) (Strigler 1883). Aus dem Abriss des nach Natalie von Harder bezeichneten „Harder-Hauses" stammen zahlreiche Funde (Abb. 2). Die Bauskulptur lässt sich in römische und mittelalterliche Werke unterteilen, bei denen es sich mit großer Wahrscheinlichkeit um wiederverwendete Architekturteile der Kaiserpfalz handelt. Ein Großteil gelangte Ende des 19. Jahrhunderts mit der Schenkung des Fabrikanten de Bary in das heutige Landesmuseum Mainz, wo sich aus historischen Gründen auch zahlreiche weitere Baufunde aus Ingelheim befinden. Neben antiken Kapitellen und Fragmenten mit figürlicher oder ornamentaler Verzierung bilden die nach ihrer Form benannten Pyramidenstumpfkämpfer aus karolingischer Zeit die größte Werkgruppe. Sie wurden am oberen Teil der Säule eingebaut und variieren in Größe und Proportion. Ihre Oberfläche ist unterschiedlich verziert, von glatt bis halbröhrenförmig, einige tragen das runde Kreisaugenornament (Abb. 3). Etwa aus der Zeit der Entdeckung Striglers stammt eine der ältesten Fotografien des Saalgebiets, eine Aufnahme um 1900 (Abb. 4). Darauf ist die Apsis der Aula regia zu sehen (mittig die Erlanger'sche Gedenktafel) sowie davor ein Grabstein des Jüdischen Friedhofs. Auch der bis heute vor Ort vermauerte Kämpferstein am Fuß des nicht mehr erhaltenen Triumphbogens ist in der linken Bildhälfte erkennbar.

Zwischen Mittelalter und Moderne | 85

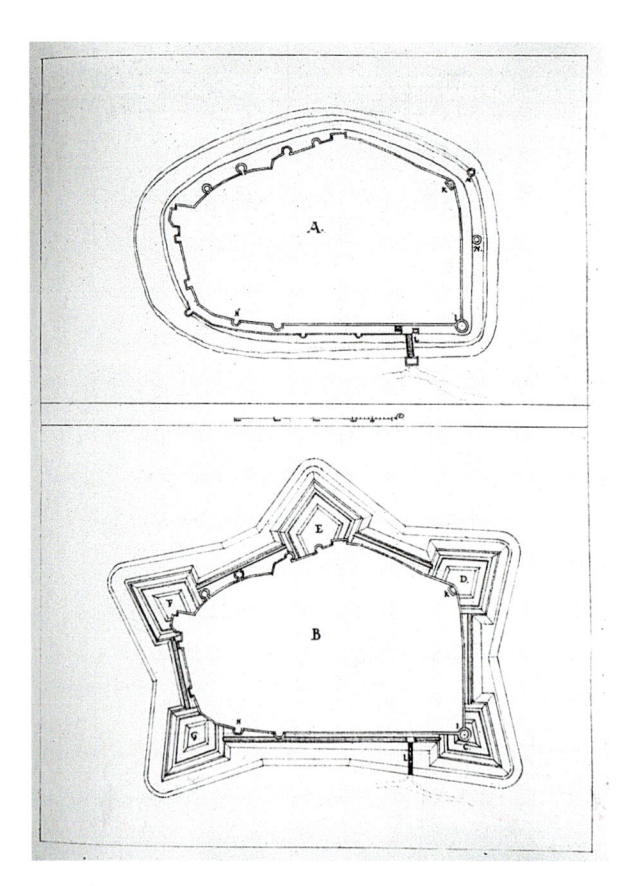

Abb. 6 | Plan zum Zitadellenausbau von Laurentius Engelhart, 1621

Eine der drei im Museum bei der Kaiserpfalz ausgestellten Säulen, die ursprünglich aus dem karolingischen Halbkreisbau stammen, schmückte bis 1892 in Mainz einen Brunnen auf dem Tiermarkt, dem heutigen Schillerplatz (Abb. 5). Die kolorierte Radierung des Mainzer Kunstsammlers und Malers Graf Franz von Kesselstatt (1753–1841) stammt aus der Zeit um 1810. Das Werk mit der Bildunterschrift „Das jungfräuliche Kloster S Agneten in Mainz auf dem Thiermarkt dessen Kirche wurde 1809 abgerissen, um die Ludwigs Strasse zu bilden" zeigt die imposante Wirkung der Säule als zentralen Blickpunkt des Platzes. An der gleichen Stelle wie bei Sebastian Münster befindet sich auch auf dem Plan des kurpfälzischen Festungsbaumeisters Laurentius Engelhart von 1621, der während des Dreißigjährigen Krieges die Kaiserpfalz zeitgemäß als Zitadelle ausbauen wollte, mit vorspringenden Wachttürmen, Schießscharten, Wällen und Gräben (Abb. 6). Die Pläne wurden jedoch niemals umgesetzt, da die Kriegshandlungen mittlerweile Ingelheim erreicht hatten. Gegen Ende des Jahrhunderts hinterließ der Pfälzische Erbfolgekrieg 1688–1697 seine Spuren, als die Saalkirche zerstört wurde und bis auf den Chor und die Querschiffmauern einstürzte. Aus Geldmangel wurde das Gotteshaus, das seit der Reformation als Getreidespeicher diente und langsam verfiel, 1705 ohne das Langhaus errichtet – erst 1964 folgte der vollständige Wiederaufbau der evangelischen Kirche.

## DIE WIEDERENTDECKUNG DER KAISERPFALZ IM 18. JAHRHUNDERT

Eine weitere Glaubensgemeinschaft prägte das Erscheinungsbild der Kaiserpfalz, wenn auch in weitaus geringerem Maß als die christlichen Gemeinden: Spätestens im 18. Jahrhundert wurde, im ehemaligen Zwinger der Pfalzbefestigung, der Jüdische Friedhof auf einem nur 5 m schmalen Streifen neben der Aula regia errichtet – die älteste lesbare Grabinschrift stammt aus dem Jahr 1726. Mit dem 18. Jahrhundert begann, nach einer Zeit der Kriege und ihrer Zerstörungen, die „Wiederentdeckung" der Kaiserpfalz als historisch und architektonisch gleichermaßen bedeutendes Bauwerk. Dabei spielten mehrere Faktoren eine Rolle: Neben dem zunehmenden Interesse am Mittelalter und seinen architektonischen Formen, etwa als Staffagearchitektur in Landschaftsgärten, trug die visuelle Präsenz der Antike in Form von graphischen Blättern und Texten auch nördlich der Alpen Früchte. Die bis heute grundlegenden Werke von Gelehrten und Künstlern wie Johann Joachim Winckelmann und Giovanni Battista Piranesi schufen ein Klima, in welchem die Darstellung von Altertümern unter wissenschaftlichen und künstlerischen Gesichtspunkten aufblühte – eine Faszination an ruinösen Bauten als Zeugen der ruhmreichen Antike bildete eine weitere Spielart, die in den künstlichen Ruinen der Landschaftsgärten des 19. Jahrhunderts gipfelten. In diesem kulturellen Umfeld verfasste Johann Daniel Schöpflin (1694–1771), Professor für Geschichte, Rhetorik und Recht in Straßburg und Gründungsmitglied der unter Kurfürst Carl Theodor von der Pfalz gegründeten Kurfürstlichen Akademie der Wissenschaften in Mannheim, 1766 eine Abhandlung über die Ingelheimer Kaiserpfalz. Die „Dissertatio de Caesaro Ingelheimensi Palatio" umfasst einen Textteil und vier Kupferstichtafeln, gestochen von Johann Martin Weiß (1738–1807) (Schöpflin 1766). Auf dem Blatt mit der Ansicht von Westen (Tafel 18, S. 63) sind die einzelnen Architekturelemente und Kapitelle mit römischen Ziffern gekennzeichnet: I ist den Resten der Befestigung zugewiesen, II der Saalkirche, III einem Wohnhaus nördlich der Aula regia und IV kennzeichnet Säulenkapitelle, die im Pfalzbereich gefunden worden sind. Im Gegensatz zur detaillierten, weitgehend realistischen Abbildung der Kapitelle lässt sich der Kupferstich mit den Resten der Pfalzbebauung (Tafel 19, S. 63) nicht mit der tatsächlich vorhandenen Architektur in Einklang bringen. Mit den malerisch überwucherten und effektvoll gestaffelten Ruinenmauern folgt die Darstellung dem Zeitgeist des 18. Jahrhunderts, dem als „Capriccio" bezeichneten Gestaltungsprinzip, aus verschiedenen Bauelementen etwas Neues, nur scheinbar Reales zu schaffen. Die Inszenierung der ruinösen Architektur wird durch dramatische Verschattungen im rechten Bildbereich noch hervorgehoben.

Unter den Schülern des Straßburger Professors befand sich ein Student, der später zu den berühmtesten Besuchern der Kaiserpfalz gehören sollte – Johann Wolfgang von Goethe. Er reiste 1793 und 1814 nach Ingelheim und hielt in seinem Reisebericht den ruinösen Zustand der Bauten fest. Darin äußerte er die Vermutung, dass es während der französischen Besatzung zum Abtransport von Säulen kam, was sich aber nicht nachweisen lässt. Zu Beginn des 19. Jahrhunderts, nach dem Sieg Napoleons und dem Frieden von Lunéville 1801, stand Ingelheim bis 1814 unter französischer Herrschaft – bis zu diesem Zeitpunkt hatte Ingelheim seit dem 14. Jahrhundert unter der Regentschaft der Kurpfalz gestanden. Unter den Franzosen – Ingelheim gehörte nun zum Département Mont Tonnerre (Donnersberg) – erfolgte der Ausbau der Straße von Mainz nach Bingen über Nieder-Ingelheim in den Jahren 1804–1812. Sie war ein Teil der „Route Charlemagne", die am Rhein entlang von Basel nach Nimwegen führte und militärisch-strategischen Zwecken diente. Auf dem Platz vor dem Alten Rathaus, der nach dem Begründer der Internationalen Tage von Boehringer Ingelheim, François Lachenal, benannt ist, erinnert ein 1811 errichteter Brunnen an die Napoleonische Zeit und das Straßenbauprojekt. Am da-

Abb. 7 | Französischer Kataster, 1812 (Ausschnitt), Stadtarchiv Ingelheim (Rep. II/ 343)

Abb. 8 | Kataster von 1844 (Ausschnitt), Stadtarchiv Ingelheim (Rep. II/ 417)

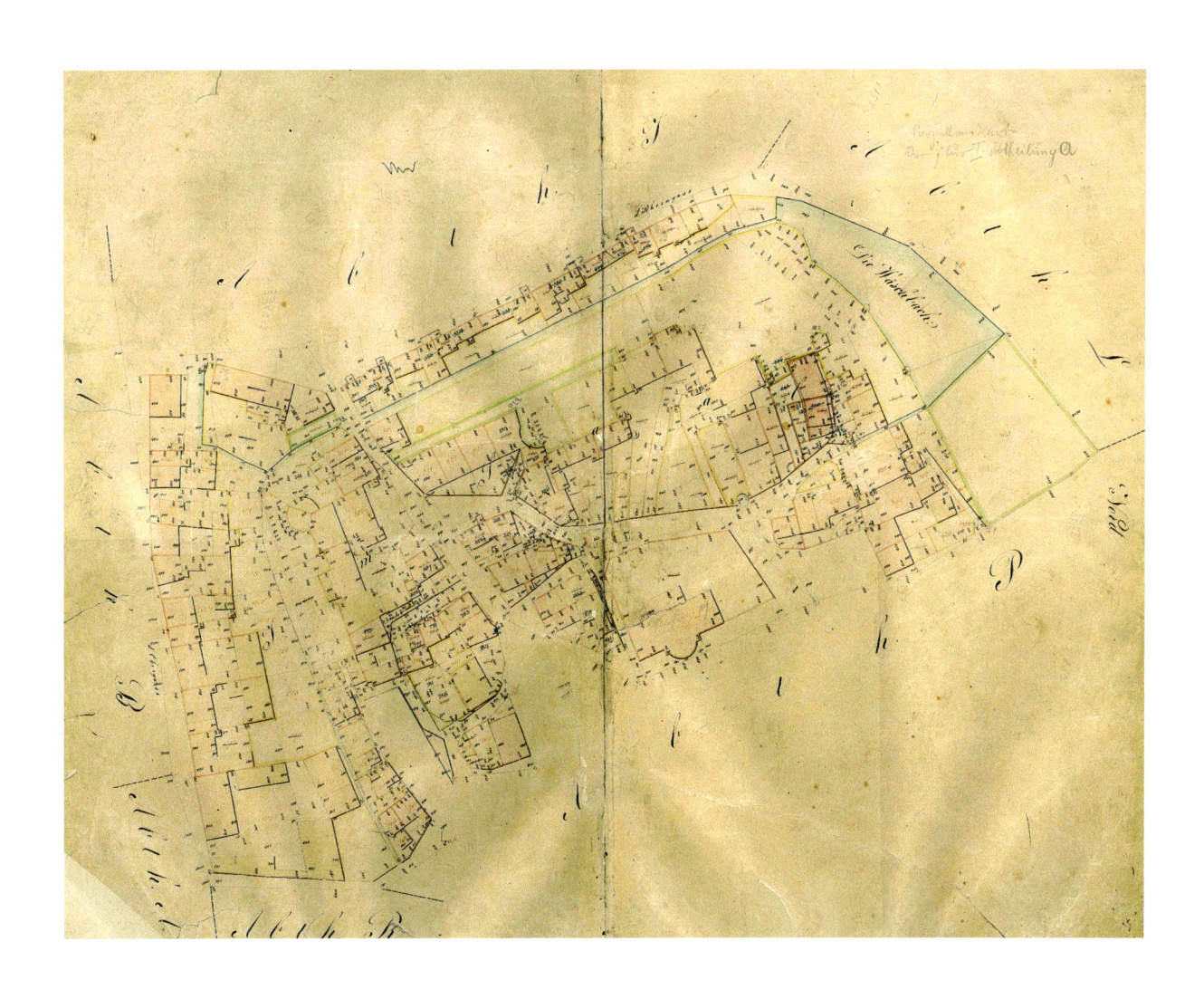

Zwischen Mittelalter und Moderne | 87

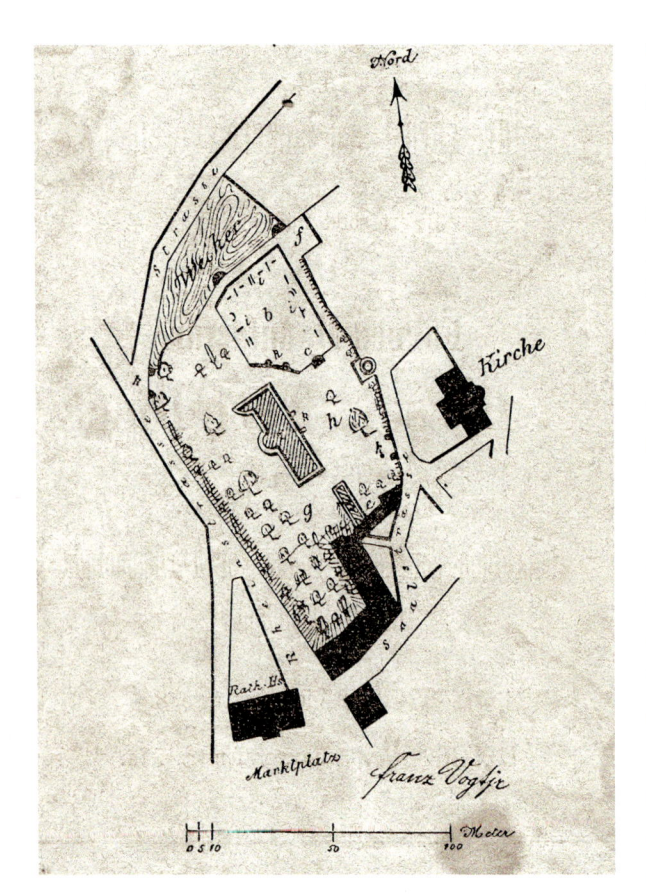

Abb. 9 | Lageplan des Turnfestes in der Aula regia, 1885

 a  Festhalle
 b  Turnplatz
 c  Vorturnerbühne
 d  Dienstgebäude und Garderoben
 e  Closets für Damen
 f  Closets für Herren
 g  Anlagen
 h  Restaurationsplatz
 i  Turngeräte
 k  Eingänge

## VON DER RUINE ZUM DENKMAL – DIE KAISERPFALZ IM 19. JAHRHUNDERT

Im Zuge der Begeisterung für mittelalterliche Kunst und Literatur im 19. Jahrhundert – die auch im Zeichen einer gemeinsamen, „nationalen" Identität des zersplitterten Reichsgebiets stand – erlangte die Entdeckung und Sicherung der mittelalterlichen Stätten eine wichtige Bedeutung. Die „Altertümer" sollten systematisch erforscht und dokumentiert werden. 1852 führte Karl August von Cohausen (1812–1894) erste Bodenuntersuchungen im Pfalzgebiet durch (Von Cohausen 1852). Die von Laurentius Engelhart 1621 beschriebene Brücke zwischen dem Saalgebiet und dem angrenzenden Wohngebiet war damals noch vorhanden, ebenso wie einige Außenmauern und Ruinen der mittelalterlichen Gebäude. Zu den Förderern, die sich für den Erhalt der mittelalterlichen Baudenkmäler in Nieder-Ingelheim einsetzten, zählt Dr. Wilhelm Hermann Carl von Erlanger. 1859 erwarb der Frankfurter Jurist ein Grundstück in Ingelheim, um bald darauf die ebenfalls aus Frankfurt stammende Caroline von Bernus zu heiraten. In ihrer neuen Heimat förderten sie Bildung und Kultur. So engagierte sich Wilhelm von Erlanger bei der Pflege des Saalgebiets und finanzierte die Restaurierung des romanischen Turms der St.-Remigiuskirche. (Mendelssohn 2014). Er setzte sich außerdem finanziell und juristisch für den Erhalt der Kaiserpfalz, insbesondere der Pflege der Aula regia, ein. Eine von ihm gespendete Gedenktafel ziert noch heute die Mitte der Apsis. Sein Versuch, den am Rand der Aula regia – im ehemaligen Zwinger – gelegenen Jüdischen Friedhof zu erwerben, schlug jedoch fehl.

Im Stadtarchiv der Stadt Ingelheim hat sich ein historisch wertvolles Dokument aus dem ausgehenden 19. Jahrhundert erhalten: das Programmheft des Turnfestes in der Aula regia 1885, veranstaltet vom Gau Rheinhessen (die Provinz Rheinhessen gehörte zwischen 1816 und 1919 zum Großherzogtum Hessen). Die Verbindung einer turnerischen Veranstaltung mit einem zwar bedeutenden, aber ruinösen historischen Ort wie der Aula regia wäre im 21. Jahrhundert ungewöhnlich. Im Klima nach dem Sieg über Frankreich 1871 und der Reichsgründung, das zunehmend national-militaristisch geprägt war, erscheint die Ortswahl jedoch in einem anderen Licht: Die öffentliche Demonstration physischer Stärke und turnerischer Disziplin an einem Ort, der über Jahrhunderte als Machtzentrum galt, entspricht dem Zeitgeist. Markierungen bezeichnen den heute nicht mehr existenten Weiher im Norden, das (Alte) Rathaus und den Marktplatz, den heutigen François-Lachenal-Platz (Abb. 9). Die Apsis der Aula regia ist ebenfalls erkennbar. Wahrscheinlich diente das Fundament des abgerissenen Harder-Hauses als Sockel für die Festhalle. Ebenfalls eingezeichnet ist die Saalkirche. Ihre Renovierung folgte im Jahr 1888, nachdem bereits 1861 ein neuer Glocken-

maligen Rathausplatz wurde 1828 das neue Schulhaus errichtet (Emmerling 1964). Entlang dieses Verkehrsweges, der über die heutige Mainzer und Binger Straße führte, entstand eine neue Siedlungsstruktur. Auf dem Kataster von 1812, der die Sektion des Saalgebietes zeigt, ist die Straßenführung markiert (Abb. 7). Der Plan macht sowohl die Umrisse der Pfalz als auch die zum Teil noch existierenden Straßen und die kleinteilige Bebauung sichtbar. Zwei Jahre nach dem Ende der Französischen Herrschaft 1814 wechselte erneut die Regierung, Ingelheim fiel an das Großherzogtum Hessen-Darmstadt. Im Vergleich der beiden Kataster von 1812 und von 1844 (Abb. 8) zeigt sich die zunehmend dichtere Bebauung des Saalgebiets mit kleinteiliger Bausubstanz. Die Grundstücke waren unregelmäßig proportioniert, die Wege entsprechend schmaler und verwinkelter. Seit dem späten Mittelalter hatten sich vor allem Kleinbauern und Handwerker angesiedelt, im 19. Jahrhundert nahm die Bebauungsdichte weiter zu.

Abb. 10 | Die Saalkirche nach der Restaurierung, um 1900

turm im Stil der Neoromanik hinzugefügt worden war. Das Kirchengebäude hatte in den vergangenen Jahrhunderten als Getreidespeicher, Magazin und Gefängnis herhalten müssen. Auf der historischen Fotografie wird die Empore von zwei Säulen getragen, deren stützende Fragmente im Museum bei der Kaiserpfalz in der Rekonstruktion des Halbkreisbaus präsentiert werden (Schulze-Böhm 2013) (Abb. 10). Im gleichen Jahr, 1888, führt der Kunsthistoriker und Denkmalpfleger Paul Clemen (1866–1947) Bodenöffnungen im Bereich der Aula regia durch (Clemen 1890). Seine Gründung des Vereins für Kunstwissenschaft gab der Erforschung historischer Bauten einen organisatorischen und fachlichen Rahmen. Damit schuf Clemen die Basis für die archäologischen Grabungen in der Kaiserpfalz im 20. und 21. Jahrhundert.

## LITERATUR

Clemen, Paul: *Der karolingische Kaiserpalast zu Ingelheim*, in: Westdeutsche Zeitschrift für Geschichte und Kunst (IX), 1890, S. 54–100.

von Cohausen, Karl August: *Der Palast Karl des Großen in Ingelheim und die Bauten seiner Nachfolger daselbst*, in: Abbildungen von Mainzer Alterthümern, Bd. 5. Separatdruck aus: Zeitschrift des Vereins zur Erforschung der Rheinischen Geschichte und Alterthümer, Mainz 1852, S. 1–19.

Emmerling, Ernst: *Die Ingelheimer Bau- und Kunstdenkmäler*, in: Johannes Autenrieth (Hg.): Ingelheim am Rhein. Forschungen und Studien zur Geschichte Ingelheims, Ingelheim 1964, S. 293.

Flath, Karl-Heinz: *Kaiserpfalz Ingelheim – Pläne des Saalgebiets aus dem 17. Jahrhundert*, in: Heimatjahrbuch Landkreis Mainz-Bingen (49. Jg.), Idar-Oberstein 2005.

Nigellus, Ermoldus: *In honorem Hludowici christianissimi Caesaris Augusti Ermoldi Nigelli exulis elegiacum carmen*, E. v. Dümmler (Hg.), in: MGH Poetae 2, 1864, S. 4–79.

Mendelssohn, Gabriele: *Die Familie von Erlanger und Karl der Große*, in: Personenkult. Dem Kaiser auf der Spur – 1200 Jahre Karl der Große und Ingelheim (Ausst.-Kat.), Ingelheim 2014, S. 75–83.

Münster, Sebastian: *Cosmographia. Beschreibung aller Lender durch Sebastianum Munsterum, in welcher begriffen Aller völcker, Herrschafften, Stetten und namhafftiger flecken …*, Basel 1544.

Schöpflin, Johann Daniel: *Dissertatio de Caesario Ingelheimensi palatio*, in: Acta Academiae Theodoro-Palatinae, Vol. 1, Mannheim 1766, S. 300–321.

Schulze-Böhm, Britta: *Die Bauskulptur der karolingischen Pfalz Ingelheim. Beobachtungen zur Ausstattung frühmittelalterlicher Herrschaftsarchitektur*, Diss. Universität Basel 2013.

Steitz, Heinrich: *Die Reformation in Ingelheim*, in: Ingelheim zwischen dem späten Mittelalter und der Gegenwart, Beiträge zur Ingelheimer Geschichte 36, Ingelheim 1987, S. 51–74.

Strigler, Philipp: *Mittheilung des Architekten Ph. Strigler in Frankfurt a. M. über die Jahre 1875 zum Abbruch gelangten Baureste in dem Saale zu Nieder-Ingelheim*, in: Correspondenzblatt des Gesamtvereins der deutschen Geschichts- und Altertumsvereine Jg. 31, 1883, S. 73–78.

Archäologischer Denkmalbereich Heidesheimer Tor

*Patrizia Bahr*

# 20. JAHRHUNDERT UND GEGENWART

Die heutige Siedlungs- und Baustruktur des Saalgebiets trägt mit ihren unregelmäßigen und verwinkelten Wegen Spuren aus dem Mittelalter, mit der kleinteiligen Parzellierung und den Anwesen von Kleinbauern und Handwerkern Charakteristika aus dem 18. und 19. Jahrhundert in sich, mittig erhebt sich die Saalkirche. Diese Struktur wurde erstmals im Katasterplan von 1812 festgehalten. Zwischen 1885 und 1905 wurde die Gestaltung des Saalgebiets durch einen Bebauungsplan für die Karlsstraße stark verändert (Tafel 22, S. 65). Dieser sollte die Straßennutzung durch hauptsächlich landwirtschaftliche Fahrzeuge erleichtern. Die Karlsstraße wurde auf eine Breite von 10 m erweitert, und Baufluchten wurden zweckmäßig angelegt, zusätzlich erfolgte eine Neuparzellierung der Grundstücke. Vor der Umsetzung des Bebauungsplans war die Karlsstraße von Häusern mit großzügigen Freiflächen gezeichnet, die der kleinteiligen Neubebauung weichen mussten. Durch den Ausbau der Straße wurde das Gelände um die Aula regia, also das Festgelände des „Gauturnfestes von 1885" (siehe Beitrag von Caroline Gerner), geteilt, so dass der Platz im Zentrum des Saalgebietes aus dem Stadtbild verschwand (freundlicher Hinweis von Dr. Joachim Gerhard).

## STILLSTAND IM SAALGEBIET

Die ersten öffentlichen Reaktionen über den verfallenen Zustand der ehemaligen Kaiserpfalz sind durch Zeitungen aus dem Jahr 1926 belegt: In Leserbriefen machten die Bewohner auf den schlechten Zustand der Pfalzanlage und des Museums aufmerksam. Berücksichtigt man die finanzielle Lage der Gemeinde Nieder-Ingelheim um 1930, verwundert es nicht, dass diese für die historischen Mauern folgenlos blieben. Ansteigende Arbeitslosigkeit und sinkende Einnahmen der Gemeinde führten zu einer Schuldenlast, die keine konservatorischen Handlungen im Bereich der Kaiserpfalz zuließ.

Lediglich über den jüdischen Friedhof im Saal, der bereits unter Denkmalschutz stand, ist bekannt, dass dieser „erhalten bleiben" solle, wie aus einem Zeitungsartikel vom 26. April 1930 hervorgeht (Diehl 1974). Nach der Machtergreifung der Nationalsozialisten wurde dieser jedoch 1935 enteignet. Die Grabsteine konnten auf den jüdischen Friedhof in Ober-Ingelheim verlegt werden. Diese wurden erst 2002 bei der Neugestaltung des Zugangs zur Aula regia im Rahmen der denkmalpflegerischen Konzeption wieder am ursprünglichen Ort aufgestellt.

Trotz fehlender finanzieller Ausstattung und ohne angemessene Infrastruktur wurden am 1. April 1939 die drei Orte Nieder-Ingelheim, Ober-Ingelheim und Frei-Weinheim durch den Erlass des Reichsstadthalters Jakob Sprenger vom 14. Dezember 1938 zu einer Stadt vereint. In der Begründung für diesen Zusammenschluss findet die Kaiserpfalz Erwähnung, die als „mächtige" Pfalz mit „Schutzaufgabe" beschrieben wurde: „An dem fruchtbaren Nordrand des rheinischen Hügellandes liegen seit alters her im Schutze einer mächtigen Kaiserpfalz Ober-Ingelheim und Nieder-Ingelheim, weitbekannt durch den Fleiß ihrer Winzer. Diese Gemeinden sind mit dem Orte Frei-Weinheim am Ufer des Rheines allmählich zu einer Einheit zusammengewachsen. [ … ]" (Henn 1991). Als Stadt gegründet, jedoch ohne kriegsstrategische Bedeutung, blieb Ingelheim, wie im Ersten Weltkrieg, auch während des Zweiten Weltkrieges weitestgehend von Bombeneinschlägen verschont. Während an einigen Wohnhäusern Schäden durch Luftangriffe zu verzeichnen waren, blieben die Mauern der Kaiserpfalz unberührt.

## ABRISSMASSNAHMEN IM SAALGEBIET

Abrissmaßnahmen und Neubauten veränderten insbesondere in den 1960er bis 1980er Jahren die Siedlungsstruktur (Krienke 2007). Denn trotz der wachsenden wissenschaftlichen Erkenntnis über das Denkmal durch die Ausgrabungen von Christian Rauch (1909–1914) und Walter Sage (1960–1970), wurde ein Verlust historischer Bausubstanz durch Baumaßnahmen im Saalgebiet in dieser Zeit verzeichnet. Durch die Aufnahme von Flüchtlingsfamilien nach dem Krieg und die steigende Arbeiterzahl der wachsenden Industrie herrschte im Ingelheim der sechziger Jahre ein dringendes Wohnungsproblem, so dass alle verfügbaren finanziellen Mittel in die Umsetzung der anlaufenden Bebauungsplanung flossen. Dabei wurde massiv in historische Bausubstanz eingegriffen, die den neuen Verkehrsflächen, Geschäftshäusern und Wohnanlagen weichen musste (Krienke 2007). Ein Bebauungsplan von 1970 (Abb. 1) zeigt, dass drastische Abrissmaßnahmen im Saalgebiet geplant waren. Diese zielten auf eine Auflockerung der Bebauungsdichte sowie auffallend symmetrisch gestaltete neue Häuserblöcke ab. Zwischen Saalkirche und Zanggasse sollten Wohnhäuser von historischer Bausubstanz einem neuen Gemeindehaus weichen (Abb. 1, blau markiert). In der Zanggasse (Abb. 1, ocker markiert) sowie Im Saal (Abb. 1, rot markiert) wurde ein Komplettabriss historischer Gebäude geplant, die einer linearen Bebauung weichen sollten. Der Plan wurde 1969 beschlossen, jedoch nie ausgeführt.

Auch 1980 noch werden Häuser Am Zuckerberg zu Gunsten von Neubauten abgerissen. Dabei wird nicht nur historische Substanz, sondern auch das „Bodenarchiv" unwiederbringlich zerstört (Abb. 2).

Ein Urteil des OVG Rheinland-Pfalz von 1980 stellte viele der bis dahin verabschiedeten Bebauungspläne in Frage. Diese mussten nun den neuen stadtplanerischen Erkenntnissen entsprechend überarbeitet werden. Aus diesem Grund wurden allein in den Jahren von 1978 bis 1988 fast 50 Bebauungspläne und Änderungen beschlossen (Henn 1991).

## DIE ROLLE DER BÜRGERINITIATIVEN

Während der genannten Ausgrabungen lag das Interesse auf der Gewinnung wissenschaftlicher Erkenntnisse über den Bauzustand der karolingischen Pfalzanlage. Die archäologischen Untersuchungen zogen keine Handlungen zur Erhaltung und Bewahrung der Pfalzruine nach sich, da eine Verknüpfung von Archäologie und Denkmalschutz fehlte. Auf Grund dieser Situation positionieren sich vor allem zwei Vereine für die Bewahrung des Denkmals.

Der „Historische Verein Ingelheim e. V." wurde bereits 1905 mit dem Ziel gegründet, die Aufmerksamkeit der Öffentlichkeit für die bedeutende Stadtgeschichte und das Denkmal zu schärfen. Zu diesem Zweck schaltet sich der „Historische Verein" seither bei Gesprächen der Stadt Ingelheim über Denkmalpflege und archäologische Forschung ein. Regelmäßig werden die For-

Abb. 1 | Bebauungsplan von 1970 mit geplanten Abrissmaßnahmen im Vergleich zum Bestand 1985

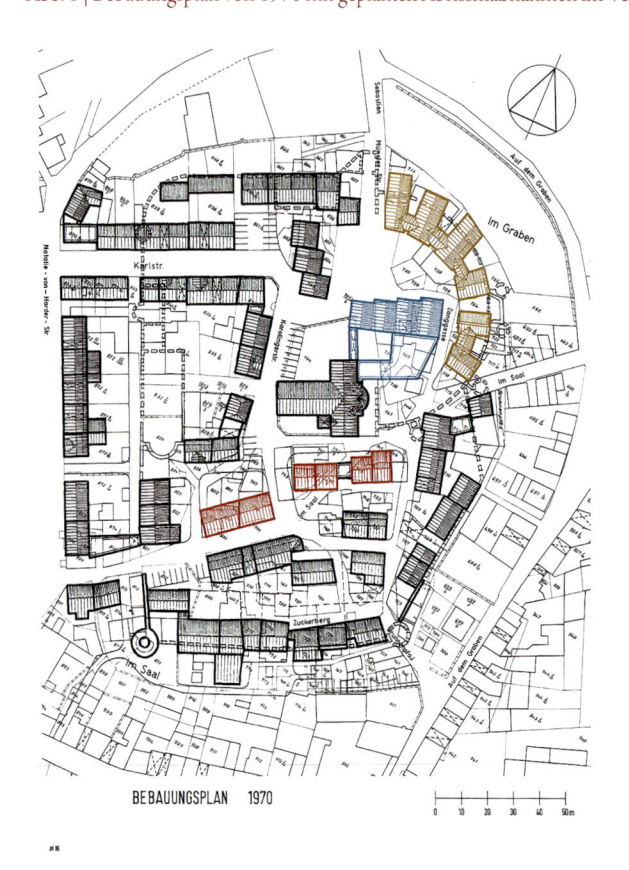

Abb. 2 | „Am Zuckerberg" um 1980

schungsergebnisse des Vereins in der Schriftenreihe „Beiträge zur Ingelheimer Geschichte" publiziert sowie Vorträge und Exkursionen organisiert.

Stadterhaltung, Stadtgestaltung und Stadtentwicklung sind die Leitthemen des 1989 gegründeten Vereins „Pro Ingelheim e. V.". Das Ziel seiner Tätigkeit ist die Wiederbelebung der Kaiserpfalz durch Sicherung und Restaurierung der noch erhaltenen Bauteile. „Pro Ingelheim" strebt ein Zusammenspiel von historischer und neuer Bausubstanz an.

Daneben ist der Verein „Lebenswertes Ingelheim e. V." tätig, der seit 1998 besteht und sich als Interessengemeinschaft versteht, die das Image der Stadt fördern will.

## DER WEG VON DER RUINE ZUM DENKMAL

Das Saalgebiet wurde im Jahr 1992 als Denkmal ausgewiesen. Gemeinsam erarbeiteten die Stadt Ingelheim und die Generaldirektion Kulturelles Erbe Rheinland-Pfalz auf Grundlage der neuesten Grabungsergebnisse das „Konzept zur Untersuchung, Erhaltung und touristischen Erschließung der Kaiserpfalz", welches 1998 vom Stadtrat verabschiedet wurde. Demzufolge soll jede der drei wichtigsten Bauperioden der Kaiserpfalz, die karolingische, die ottonische sowie die staufische, durch je ein Bauteil, Aula regia, Saalkirche und Heidesheimer Tor, repräsentiert werden. Bauliche Rekonstruktionen sind auf Grund der Überlagerung dieser unterschiedlichen Perioden ausdrücklich nicht vorgesehen. Die Erschließung und Bewahrung des Denkmals, die Einbindung in das Wohngebiet und Stadtbild sowie die touristische Präsentation stehen damit als gleichbedeutende Ziele neben dem der wissenschaftlichen Erkenntnis. Dieser Wandlungsprozess von einer Ruine zum Denkmal vollzog sich durch eine Verzahnung von Archäologie, Bauforschung, Denkmalpflege, Stadtsanierung und Tourismuskonzept sowie einem damit verbundenen parallel laufenden Planungsprozess, so dass Grabung, Konzepterstellung, Konservierung und bauliche Her-

Abb. 3 | Siegerurkunde des Stiftungspreises „Lebendige Stadt: Identität, Heimat, Marke"

stellung in Organisation und Zeitplanung bis heute zusammengeführt werden (Grewe 2011). Die notwendigen Voraussetzungen zur förmlichen Festlegung des Sanierungsgebietes wurden von 1997 bis 2001 geschaffen, so dass der Beschluss am 27.8.2001 verabschiedet werden konnte. Zu Beginn der Sanierungsplanung wurde ein Rahmenplan erstellt, der einiger Voruntersuchungen zum Stadtbild bedurfte. Diese führte die „Projektgruppe interdisziplinäre Regional- und Siedlungsforschung" der Universität Mainz, kurz PIRS, 1998 durch. Die Projektgruppe bestätigte den Sanierungsbedarf auf Grund städtebaulicher Defizite, unzureichender Infrastruktur und ungenutztem kulturellem und historischem Entwicklungspotential. Durch diese Voruntersuchung von PIRS konnten städtebaulich sinnvolle Pläne erstellt und die Grenzen des Sanierungsgebiets abgesteckt werden. Dabei spielte auch die Befragung sowie Beteiligung der Anwohner und Vereine eine wichtige Rolle, die sich in einer großen Mehrheit für die Aufwertung des historischen Ortsbildes aussprachen und das Saalgebiet als unattraktiv und vernachlässigt wahrnahmen.

## DIE VOLLSTÄNDIGE ERSCHLIESSUNG DER KAISERPFALZ

1993 begannen erneut archäologische Untersuchungen der Pfalzanlage, mitsamt näherer Umgebung. Nach Grundstückserwerbungen und Gebäudeniederlegungen von archäologisch interessanten Bereichen durch die Stadt Ingelheim begannen die Ausgrabungen in der Aula regia.

Seither konnten umfangreiche Grabungen durchgeführt sowie das Konzept zur Sanierung und touristischen Erschließung der Überreste der Kaiserpfalz umgesetzt werden. Zuletzt wurde 2014 der Nordtrakt der Pfalzanlage, der durch Wohnhäuser überbaut und nicht im Stadtbild sichtbar war, freigelegt und für Besucher zugänglich gemacht.

Für dieses Konzept „Denkmaltouristische Erschließung der Kaiserpfalz und Stadtteilsanierung Saalgebiet Nieder-Ingelheim" gewann Ingelheim 2011 den europaweiten Wettbewerb um den Stiftungspreis „Lebendige Stadt: Identität, Heimat, Marke" und erhielt im Rahmen dessen die Auszeichnung „unverwechselbare Stadt" (Abb. 3). Unabhängig von denkmalpflegerischen Kriterien wählten im selben Jahr auch die Bürger bei einer landesweiten Abstimmung des Radiosenders RPR1 „Siegel des schönen Lebens" die Kaiserpfalz zur „Beliebtesten Tourismusattraktion in Rheinland-Pfalz".

## METAMORPHOSEN IM SAALGEBIET AM BEISPIEL DES MÜHLTEICHS

Der Mühlteich der Saalmühle, im Sprachgebrauch der Ingelheimer als „Wäschbach" bezeichnet, speicherte das Wasser zum Antrieb des Mühlrads und befand sich im Außengelände der Kaiserpfalz vor dem Nordflügel (Abb. 4). Nach der Stilllegung der Saalmühle folgte 1928 die Verfüllung des Mühlteichs, dessen Wasser ungenutzt langsam kippte. Auf diesem Gelände wurde später eine parkähnliche Anlage errichtet, wie die Abbildung zeigt, auf der die alte Ummauerung zu erkennen ist (Abb. 5). Die entstandene Fläche wurde für den Bau eines Kindergartens genutzt, der mit einfachen Mitteln errichtet wurde und mehr einer Hütte als einem befestigten Gebäude glich. Die Feuchtigkeit im Boden des ehemaligen Mühlteichs drang in die Bausubstanz ein und führte zu erheblichen Bauschäden, so dass ein Abriss des Ge-

Abb. 4 | Der Mühlteich, auch als „Wäschbach" bezeichnet, um 1910

Abb. 5 | Der „Wäschbach" nach der Verfüllung 1928 als Grünanlage

Abb. 6 | Heute dient der ehem. „Wäschbach" als Grünanlage und Parkplatz für Kaiserpfalzbesucher

20. Jahrhundert und Gegenwart | 95

bäudes 2006 unumgänglich wurde. Daraufhin zog der Kindergarten um in die Natalie-von-Harder-Straße, wo er sich seither befindet. Der Mühlteich der Saalmühle wurde mittlerweile zum Parklatz umfunktioniert, um die Parksituation im Saalgebiet zu entspannen (Abb. 6).

## SCHLUSSBETRACHTUNG

Die Entwicklungen im Saalgebiet zeigen, dass bis zum Einsetzen der Denkmalpflege in den neunziger Jahren Vernachlässigung sowie Neubauten zum Verfall der ehemaligen Pfalzanlage führten. Während die Pfalz in den zwanziger Jahren durch Achtlosigkeit beschädigt wurde, zerstörten in den sechziger bis achtziger Jahren Bebauungspläne, die der Problematik einer unzureichenden Infrastruktur Abhilfe verschaffen sollten, die historische Bausubstanz. Mit der Ausweisung als Denkmalzone 1992 setzte ein Wandel im Umgang mit dem Erbe Karls des Großen ein. Das „Konzept zur Untersuchung, Erhaltung und touristischen Erschließung der Kaiserpfalz" führt den Weg hin zum aktiven Bewahren, und zog Überlegungen zum Umgang mit archäologischen Befunden nach sich. Seither führen die Ausgrabungen, die seit 1993 durch Holger Grewe stattfinden, zu einer systematischen Erschließung des Denkmalbereichs und seiner Umgebung.

Einzelne Beispiele, wie der Mühlteich der Saalmühle, verdeutlichen die Metamorphose der Pfalzarchitektur, die durch einen Wechsel von Verfall, Anpassung und Wiederaufbau gezeichnet ist.

## LITERATUR

Diehl, Wolfgang (Hg.): *Ingelheimer Chronik 1899–1950. Auszüge aus Ingelheimer Zeitungen*, Offenbach am Main, 1974.

Grewe, Holger: *Palast – Ruine – Denkmal. Konzeptionelle Grundsätze für das Erforschen, Bewahren und Erschließen der Kaiserpfalz Ingelheim*, in: Martin Müller u. a. (Hg.), Schutzbauten und Rekonstruktionen in der Archäologie (Xantener Berichte, Bd. 19), 2011.

Henn, Karl-Heinz, Kähler, Ernst (Hg.): *50 Jahre Stadt Ingelheim*. Beiträge zur Ingelheimer Geschichte, Heft 38, Ingelheim 1991.

# IV | ENTDECKUNGEN: AUSGRABUNGEN UND BAUFORSCHUNG

Porträtgemälde Sebastian Münster von Christoph Amberger, um 1550

*Ramona Kaiser*

# DIE ENTDECKUNG DER PFALZ KARLS DES GROSSEN IN LITERATUR UND WISSENSCHAFT

Erste archäologische Ausgrabungen im Ingelheimer Saalgebiet fanden durch Christian Rauch in den Jahren 1909–1914 statt. Doch im Unterschied zu vielen anderen Pfalzorten wurden die Geschichte und das Aussehen der Kaiserpfalz Ingelheim bereits ab der Frühen Neuzeit, weit vor der Geburtsstunde der Archäologie, in wissenschaftlichen Arbeiten behandelt: Die erste Beschreibung des Saalgebiets und der Kaiserpfalz liefert Sebastian Münster in der Mitte des 16. Jahrhunderts. Der berühmte Humanist, Kosmograph und Hebraist wurde in Ingelheim geboren. In seinem bekanntesten und am meisten verbreiteten Werk, der „Cosmographia", einer enzyklopädischen Weltbeschreibung, die ab 1544 erschien, widmete er sich auch seinem Geburtsort (Abb. 1).

## SEBASTIAN MÜNSTER – BERÜHMTER GELEHRTER UND SOHN INGELHEIMS

Sebastian wurde am 20. Januar 1488 in Nieder-Ingelheim als Sohn von Andreas Münster geboren, der zu der Zeit Meister im Heilig-Geist-Spital des Ortes war. Als solcher verwaltete er das Spital, das als Armenhaus für Arme und Kranke eingerichtet worden war. Zudem betrieb er eine Landwirtschaft.
Sebastian Münster hatte das Glück, bereits in jungen Jahren in Ingelheim unterrichtet zu werden, wo er Latein, Grammatik und Logik lernte. Nach der Schulzeit trat er dem Franziskanerorden bei und studierte Theologie, Hebraistik, Geographie sowie Astronomie, Mathematik und Kosmographie.
Ab 1524 hatte er eine Professur für Hebräisch an der Universität in Heidelberg inne. Dort geriet Münster wiederholt im Zuge der Bauernkriege in Gefahr, weshalb er 1529 aus dem Orden austrat, zum Protestantismus konvertierte und eine Professur in Basel antrat. Er heiratete 1530 Anna Selber, die Witwe eines Basler Buchdruckers, aus dessen Druckwerkstatt später die „Cosmographia" hervorging. Nun konnte er sich verstärkt der Vorbereitung seines geographischen Hauptwerks widmen und sammelte auf Reisen Material, um die „Cosmographia" 1544 zu veröffentlichen (Abb. 2). Acht Jahre später starb Sebastian Münster in seinem Basler Haus an den Folgen der Pest (Burmeister 2002). Sein Hauptwerk gilt als frühes Standardwerk der geographischen Literatur. Es wurde ins Lateinische, Französische, Tschechische und Italienische übersetzt und bis 1628 in 21 Auflagen gedruckt. Darin heißt es unter anderem über Ingelheim:

*Disser flecken Ingelheim do ich Munsterus gebore vnd erzoge bin / ligt zwischen Mentz und Binge vff halbem weg / von dem in den historien vil gefunde wirt. Dan do ligt ein schloß / das man ietzut den Ingelheimer sal nent das vor acht hundert jaren des grossen keyser Carles pallast gewesen ist / do er sich sunderliche vil gehalten [...]. Es seind auch vil die schreibē daß er do geborn sey [...]* (Münster 1544).

Von der Ingelheimer Kaiserpfalz müssen zu Münsters Zeiten noch viele Mauern und Gebäudereste oberirdisch gestanden haben. Das bezeugt ein weiteres Zitat aus Münsters „Hebraica Biblia", die 1534 in Basel erschienen ist:

*[...] Ingelheim [...], wo einst Karl der Große wohnte und wo die Ruinen seines Palastes noch heute vorhanden sind [...]* (Münster 1534).

Er ordnet die Ruinen nicht nur ohne Zweifel der Zeit Karls des Großen zu, sondern bringt sie auch in einen persönlichen Bezug zum karolingischen Kaiser. Neben der textlichen Beschreibung Ingelheims und seiner Geschichte verdanken wir Sebastian Münster auch zwei Holzschnitte, die Ingelheim darstellen. Der erste Holzschnitt stammt aus der „Cosmographia" von 1544 und zeigt die Reste der Pfalz im sonst gänzlich unbesiedelten Saalgebiet (Tafel 16, S. 62). Der zweite Holzschnitt ersetzte

Abb. 1 | Blatt aus der „Cosmographia" (Detail) von Sebastian Münster, um 1550, Holzschnitt

den ersten in den Ausgaben ab 1550 und zeigt eine viel dichtere Besiedlung des Gebiets innerhalb der ehemaligen Pfalzbefestigung (Tafel 17, S. 63). Der jüngere Holzschnitt erscheint realistischer, da es mit Sicherheit eine Besiedlung im Bereich der Pfalz gab, auch wenn das Saalgebiet zu Münsters Zeit wahrscheinlich nicht so dicht bebaut war, wie es auf dem Holzschnitt dargestellt ist (vgl. zu den Holzschnitten den Beitrag von Caroline Eva Gerner in diesem Band).

Sebastian Münsters Schaffen war geprägt vom Zeitalter des Humanismus, von der Berührung mit der Reformation, dem Bauernkrieg und den geographischen Entdeckungen (zum Beispiel der ersten Weltumsegelung Magellans ab 1519) und einem daraus resultierenden neuen Weltbild. Voraussetzung für die Vorbereitung von Münsters wissenschaftlichen Studien war aber im Besonderen auch die Erfindung des Buchdrucks durch Gutenberg, denn ohne sie wären die große Auflage nicht möglich gewesen. Sein Interesse an Ingelheim war sicherlich persönlich geprägt: Er wollte seinem Geburtsort ein Andenken schaffen. Auch wenn er im Laufe seines Lebens nie nach Ingelheim zurückgekehrt ist, hielt er den Kontakt zu seiner Familie stets aufrecht und verschwieg seine Herkunft nie. Bedeutungsvoll ist, dass er als erster Gelehrter der frühen Neuzeit den Ort Ingelheim ganz klar mit der Person Karls des Großen verband. Dank Münsters Gedenken an seinen Heimatort taucht Ingelheim in der ersten weit verbreiteten und in viele Sprachen übersetzten enzyklopädischen Weltbeschreibung auf und musste auf diese Weise auch spätere Gelehrte auf Ingelheim aufmerksam machen (Burmeister 2002). So zum Beispiel Johann Daniel Schöpflin, von dem uns eine wissenschaftliche Arbeit über die Kaiserpfalz Ingelheim aus der Mitte des 18. Jahrhunderts überliefert ist.

## JOHANN DANIEL SCHÖPFLIN – AKADEMIEGRÜNDER UND FRÜHER PFALZENFORSCHER

Schöpflin wurde 1694 in Sulzburg in Baden geboren und starb 1771 in Straßburg. Er begann bereits als Dreizehnjähriger ein Studium der Fächer Geschichte, Alte Geschichte und Mediävistik an der Universität Basel. In der dortigen Universitätsbibliothek konnte er sicher einen Blick auf Münsters „Cosmographia" werfen, die zwei Jahrhunderte vorher in Basel gedruckt worden war. Ab 1711 wechselte er an die Universität Straßburg. Dort begann eine 50-jährige Universitätslaufbahn für ihn. Auch wenn er Straßburg bis zu seinem Tod nicht mehr verließ, nahm er mehrere Jahrzehnte lang an der Universität, in der europäischen Akademiebewegung, der Geschichtswissenschaft und der Diplomatie eine weit über den lokalen Rahmen seines Wirkungsortes hinausgehende Bedeutung ein.

Schöpflins Rolle in der europäischen Akademiebewegung war eine besondere: Er war nicht nur Mitglied an zahlreichen führenden europäischen Akademien, sondern auch der Gründer der „Kurpfälzischen Akademie der Wissenschaften", die 1763 gestiftet wurde und ihren Sitz in Mannheim hatte. Schöpflin wurde erster Ehrenpräsident. Zwischen 1766 und 1794 veröffentlichte die Akademie ihre Forschungsberichte mit geschichtlichen und naturkundlichen Themen in den „Acta Academiae Theodoro-Palatinae", von denen alle drei Jahre ein Band erschien. Es war die erste wissenschaftliche Zeitschrift im damaligen Gebiet der Kurpfalz (Voss 1979). Darin veröffentlichte Schöpflin 1766 auch seine Abhandlung über Ingelheim, das in damaligem kurpfälzischen Gebiet lag. Schöpflin begründet seine Arbeit so:

*„Von der Zeit Kaiser Rupprechts an (1400–1410) werden die beiden Ingelheim unter die freien Besitzungen der Kurpfalz gezählt. Dies gibt also der neuerstehenden Hochschule der Kurpfalz alle Veranlassung, über Ingelheim, die Pfalz des fränkischen Reiches und der deutschen Kaiser, zu schreiben."* (Schöpflin 1766, S. 300)

Ihm war das Thema Pfalzen nicht gänzlich unbekannt, denn die 1751 veröffentlichte „Alsatia Illustrata" beinhaltete bereits eine Abhandlung über frühmittelalterliche Pfalzen im Elsass. Die „Alsatia Illustrata" war als Gesamtdarstellung der Geschichte des Elsass angelegt, die auf gründlichem Quellenstudium und Sichtung des Archivmaterials mit Schwerpunkt auf der Archäologie im ganzen Elsass basierte. In seiner Ausführung über elsässische Pfalzen versuchte Schöpflin aus den zeitgenössischen Quellen zu bestimmen, was eine Pfalz war, welche Funktionen sie zur fränkischen Zeit erfüllte und welche verschiedenen Typen von Pfalzen es gab. Er konnte bei seiner Untersuchung neben bekannten Pfalzen auch neue Pfalzen im Elsass ermitteln (Voss 1979). Somit könnte Schöpflin als erster Pfalzenforscher gelten.

Aus einem Briefwechsel zwischen Schöpflin und seinem Schüler und Assistenten Lamey wissen wir sehr genau, wie die Planung und Durchführung der Exkursion nach Ingelheim ablief. Zunächst verwundert es, dass Schöpflin die Exkursion nach Ingelheim nicht selbst unternahm. Aus den Briefen geht hervor, dass Lamey, der als Sekretär der kurpfälzischen Akademie in Mannheim saß, zusammen mit einigen Mitgliedern der Akademie zwischen Ende September und Anfang Oktober 1764 nach Ingelheim reiste. Als Lamey Schöpflin von dem Vorhaben berichtet, drückt dieser seine Freude darüber aus und wünscht sich, dass ein „sauberer und genauer Plan" angefertigt werden solle, „den man später als Kupferstich in den Abhandlungen (der Akademie) bringen kann".

Nach erfolgreicher Durchführung der Reise sendete Lamey einen Bericht und die Vorzeichnungen für die Kupferstiche an Schöpflin, der dann in Straßburg die Abhandlung schrieb und die Kupferstich-Platten in Auftrag gab (Voss 2002, Fester 1906). Schöpflin hatte die Informationen über Ingelheim aus zweiter Hand, was ein Grund dafür sein könnte, dass er bei seiner Schrift über Ingelheim in der Haltung des Historikers verharrt und nur wenig bis gar nichts über Bautypus und Gebäudefunktionen berichten kann. Am Anfang seiner Arbeit heißt es:

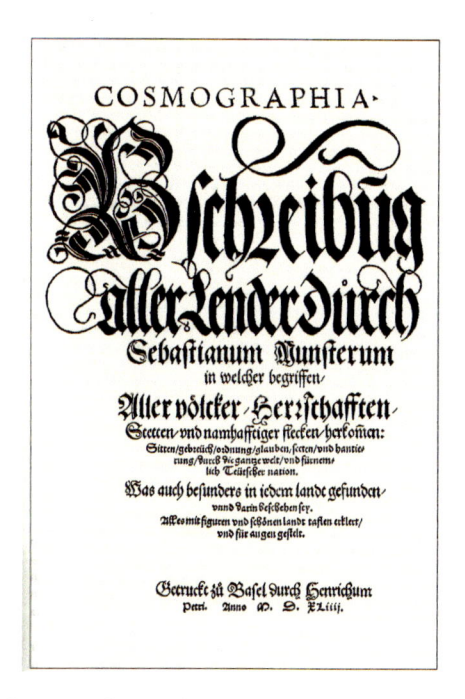

Abb. 2 | Titelblatt der Erstausgabe von Sebastian Münsters „Cosmographia", 1544

*„Die Ingelheimer Pfalz, der unsere Abhandlung gilt, zog Karl der Große allen Pfalzen des fränkischen Reichs vor. Er stattete sie besonders aus und bewohnte sie in jungen Jahren. Sie ist unzweifelhaft am lieblichsten gelegen von allen Gebieten des Rheins, mit allen Freuden den Lebens aufs Reichste ausgestattet."* (Übersetzung Robert Blum, 1951)

Über die noch vorhandenen Überreste der Pfalz schreibt Schöpflin nur, dass die häufigen Zerstörungen und Erneuerungen der Pfalz ihre Gestalt erheblich verändert haben, so dass der Urzustand nicht mehr erkennbar ist. Allein ein Relief aus der Saalkirche beschreibt er genauer und sieht darin ein Bildnis von Karls Frau Hildegard (Abb. 3). Für die Beschreibung weiterer Bauausstattung und Baumaterialien zitiert er Ermoldus Nigellus und den Poeta Saxo. Wertvoll ist Schöpflins Arbeit auch, weil er als erster wissenschaftlicher Bearbeiter die Urkunden und Nachrichten über die karolingischen Königsaufenthalte in Ingelheim sammelt und mit genauer Quellenangabe widergibt. Ganz besonders interessant aber sind die Kupferstiche, die für die Abhandlung hergestellt wurden, auch wenn die Gesamtansicht der Pfalz auf den Tafeln I und II perspektivisch verzerrt und ungenau ist, was sicher mit den Entstehungsumständen zusammenhängt (Tafel 18 und 19, S. 63). Ein relativ genaues Bild haben wir jedoch von den Kapitellen auf Tafel I, dem Steinrelief aus der Saalkirche auf Tafel IV und der Saalkirche auf Tafel III (Abb. 4), deren Darstellung mit zerstörtem Dach nach dem 30-jährigen Krieg besonders beeindruckend ist (zu den anderen Darstellungen ausführlicher Caroline Eva Gerner in diesem Band).

Einen maßstabsgerechten Plan des Ingelheimer Pfalzgebietes und eine Bestandsaufnahme der noch vorhandenen Bauten liefert erstmals Karl August von Cohausen im Jahr 1852.

## KARL AUGUST VON COHAUSEN – OFFIZIER UND LANDESKONSERVATOR

Karl August von Cohausen wurde am 1812 in Rom geboren und starb 1894 in Wiesbaden. Er kam während einer Stationierung im Hunsrück erstmals mit der Archäologie in Kontakt, indem er sich vor Ort der Erforschung vorgeschichtlicher Befestigungsanlagen widmete. Nach einer Abkommandierung nach Mainz 1852 konnte er an der zweiten Gründungsversammlung des Gesamtverbandes der deutschen Geschichts- und Altertumsvereine mitwirken, die zur Gründung des Römisch-Germanischen Zentralmuseums führte. Cohausen wurde mit der Mittelalter-Sektion des Museums betraut und anschließend in den Vorstand gewählt. Er legte seine Arbeit über Ingelheim bei dieser Mainzer Sitzung vor, wie die Datums- und Ortsangabe unter seinem Text verrät. 1870/71 schied Cohausen aus dem aktiven Militärdienst aus und wurde zum Königlichen Konservator für die preußische Provinz Hessen-Nassau berufen. Neben der Erforschung der Ringwälle des Taunus und der Burgen des Landes interessierte er sich in diesen späten Jahren besonders für die Provinzialrömische Archäologie. Karl August von Cohausens Bibliographie umfasst mehr als 170 Titel. Er gehört zu den Pionieren der archäologischen Forschung, der Landeskunde und der Burgenforschung (Großmann 2012).

Abb. 3 | Kupferstich aus der Abhandlung Schöpflins über Ingelheim. Dargestellt ist ein Relief in der Saalkirche. Schöpflin sieht in der Figur Hildegard, die Frau Karls des Großen.

Abb. 4 | Kupferstich aus Schöpflins Abhandlung über Ingelheim. Zu sehen ist die Saalkirche, die nach den Zerstörungen des Dreißigjährigen Krieges noch immer schwer beschädigt ist.

Cohausens Beschäftigung mit der Kaiserpfalz Ingelheim besteht aus insgesamt zwei Aufsätzen aus den Jahren 1852 und 1853. Der erste Aufsatz erschien als Separatdruck in der Zeitschrift des „Vereins zur Erforschung der Rheinischen Geschichte und Altertümer" und enthielt einen maßstabsgetreuen Plan des Saalgebiets (Abb. 5), mehrere Zeichnungen des Bauschmucks und einiger Architekturdetails sowie eine eingehende Beschreibung der noch aufrecht stehenden Gebäudereste und Mauern der Kaiserpfalz mit Angabe der einzelnen Maße (Cohausen 1852). In seinem zweiten Aufsatz, der ein Jahr später in den „Jahrbüchern des Vereins von Alterthumsfreunden im Rheinlande" erschien, vergleicht Cohausen seinen 1852 eigens gemachten Rekonstruktionsversuch zur Thronhalle der Pfalz in Ingelheim mit einem Rekonstruktionsversuch, den der Brüsseler Professor Cornelius Peter Bock in einem Aufsatz aus dem Jahre 1844 ausschließlich auf Grund der Überlieferung Ermoldus Nigellus' machte (Cohausen 1853, Bock 1844). Cohausen fasst im Aufsatz von 1852 zunächst Schöpflins Bericht zusammen, der knapp 100 Jahre vorher erschien. Dabei bemerkt Cohausen Schöpflins Konzentration auf die historischen Daten der Kaiserpfalz und vermisst „ein näheres Eingehen auf die damals noch vorhandenen Bauwerke". Ebenfalls bemerkt er die Mängel in den Kupferstichen, die die Gesamtansicht der Pfalz zeigen sollen, und hält den Holzschnitt von Sebastian Münster aus dem 16. Jahrhundert sogar für nützlicher. Nach einer Auflistung der Ingelheimer Regesten folgt eine 14-seitige Beschreibung der oberirdisch erhaltenen Mauer- und Gebäudereste der Kaiserpfalz, die mit genauen Maßangaben und Detailzeichnungen versehen ist. Zusammen mit dem beigefügten Plan liefert sie ein sehr aufschlussreiches Bild über das damalige Aussehen des Saalgebiets. Cohausens Arbeit schließt mit einem Apell, nachdem es nicht reichen würde, die Kaiserpfalz zu beschreiben, sie müsste auch erhalten werden:

*„Aber der graue Stein, an dem die großen Zeiten vorübergegangen, dem sie Geschichte ihre Weihe gegeben, zu reden zu dem, der Augen hat, zu sehen und ein Herz, die alte Herrlichkeit wieder mit durchzuleben, was dahin ist, zu betrauern, und was möglich zu hoffen – der Stein muss erhalten werden, und – möge auch dieser bald seine Beschützer finden."* (Cohausen 1852, S. 19)

Karl August von Cohausens Ergebnisse und Bauaufnahmen der Pfalz in Ingelheim waren für spätere Bearbeiter von großem Wert. Auch wenn seine Interpretationen in Einzelfällen falsch waren (wie etwa die Mehrschiffigkeit der Aula regia), so sind seine 1852 abgefassten Untersuchungsergebnisse doch mehrheitlich auch heute noch aktuell. Seine Aussage über ein vermauertes

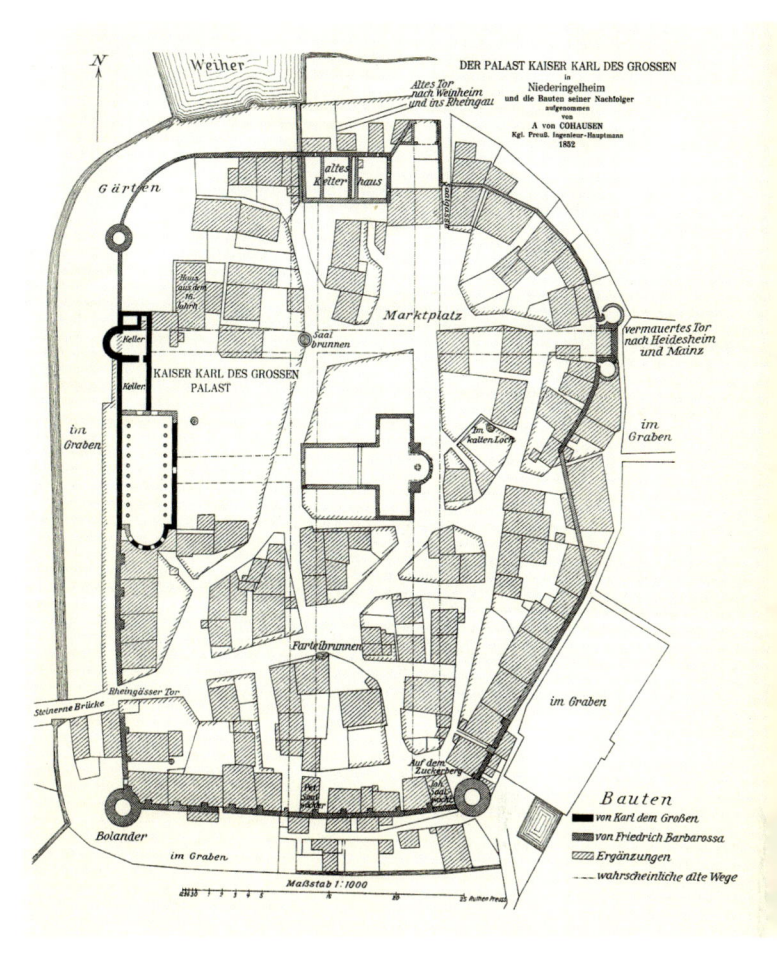

Abb. 5 | Der Plan zeigt die Aufnahme der noch stehenden Pfalzgebäude nach Karl A. von Cohausen, die nachträglich von Adolf Zeller mit dem Stadtkataster überlagert wurde (Zeller 1935).

Tor am Halbkreisbau in Richtung Heidesheim konnte bei einer Ausgrabung und Maueruntersuchung im Jahre 2005 bewiesen werden. Der maßstabsgetreue Plan erlaubt uns heute einen Blick auf das Saalgebiet in der Mitte des 19. Jahrhunderts und erzählt einmal mehr davon, wie sich das Gebiet der Pfalz Karls des Großen in Ingelheim im Laufe der Jahrhunderte verändert hat.

## PAUL CLEMEN – DENKMALPFLEGER UND INITIATOR

Paul Clemen wurde 1866 in Sommerfeld bei Leipzig als Sohn eines Pfarrers geboren und starb 1947 in Endorf. 1885 begann er in Leipzig ein Studium der Kunstgeschichte und der deutschen Philologie, das er ab 1887 in Bonn und ab 1888 in Straßburg – der Universitätsstadt Schöpflins – fortsetzte. Nach seiner Promotion bekam er eine feste Anstellung bei der „Komission für die Denkmälerstatistik", in der es seine Aufgabe war, die Kunstdenkmäler der Rheinprovinz zu inventarisieren. 1893 wurde er zum ersten Provinzialkonservator der Rheinprovinz ernannt.

Nach seinem Ausscheiden aus diesem Amt 1911 übernahm er das Amt des Vorsitzenden des neu gegründeten Denkmalrats der Rheinprovinz. Er war einer der Initiatoren für die Gründung des „Rheinischen Vereins für Denkmalpflege und Landschaftsschutz". Von 1926 bis 1946 erhielt er zahlreiche Preise und Medaillen und wurde zum Ehrenmitglied in verschiedenen Kunst- und Denkmalvereinen ernannt. Sein Lebenswerk besteht in der Inventarisierung und Beschreibung der „Kunstdenkmäler der Rheinprovinz" in 56 Bänden – einem wichtigen Standardwerk der deutschen Kunstgeschichte. Paul Clemen zählt zu den Mitbegründern der modernen Denkmalpflege. Seine zahlreichen Schriften enthalten neben Denkmalaufnahmen auch Gedanken und Richtlinien zur Aufgabe der Denkmalpflege selbst und zum Symbolwert des baulichen Erbes.

Nachdem der Architekt Philipp Strigler im Jahre 1883 neue Erkenntnisse zu den karolingischen Bauresten in Ingelheim im Bereich der Aula regia publizierte, die er beim Abbruch eines Wohnhauses 1873 machen konnte, wollte Paul Clemen hier weitere Untersuchungen anstellen. Im August 1888 und im April 1889 führte er nordöstlich vor der Apsis der Aula regia neben Bauaufnahmen auch eine Sondage durch. Er war damit der erste, der den Boden im Bereich der ehemaligen Kaiserpfalz öffnete, auch wenn er seine Forschungen noch mit einer eisernen Brechstange als Bohrer durchführte. Er konnte Fundamentreste vor der Eckquaderung an der westlichen Mauer der Aula regia und eine sogenannte Quaderschicht, ein parallel zur Ostmauer der Aula regia verlaufendes Fundament, in den baulichen Kontext des Pfalzgebäudes setzen. Seine Ergebnisse veröffentlichte Clemen nur ein Jahr später in einem ausführlichen, beinahe 100 Seiten füllenden Bericht in der „Westdeutschen Zeitschrift für Geschichte und Kunst". Die Befunde der Grabung wurden von Clemen mit enzyklopädischer Übersicht in den seinerzeit für frühmittelalterlich gehaltenen Denkmalbestand eingeordnet. Die Veröffentlichung beinhaltete außerdem einen Katalog der Ingelheimer Bauplastik, eine Zusammenstellung der wichtigsten Schriftquellen sowie Rekonstruktionsvorschläge zur Aula regia. Paul Clemen erkannte bereits die Antikenrezeption an der Ingelheimer Pfalz und sah die Anlage als das Resultat eines klaren und einheitlichen Plans und als „hervorragendstes Bauwerk der profanen karolingischen Baukunst". Gemeinsam mit Konrad Plath konnte Clemen den Deutschen Verein für Kunstwissenschaft zu Berlin von einem Pfalzenforschungsprogramm überzeugen, das man daraufhin mit der Erforschung der karolingischen Pfalzen in Ingelheim und Aachen und mit der Erforschung der staufischen Pfalzen Goslar und Eger aufnahm. Mit der Leitung des Grabungsprojektes in Ingelheim wurde Christian Rauch beauftragt.

Der Grundstein für weitere Bodenöffnungen und systematische Ausgrabungen in Ingelheim war damit gelegt.

## QUELLEN

Bock, Cornelius Peter: *Die Bildwerke in der Pfalz Ludwigs des Frommen zu Ingelheim*, in: Niederrheinisches Jahrbuch für Geschichte und Kunst, Bonn 1844, S. 241–300.

Clemen, Paul: *Der karolingische Kaiserpalast zu Ingelheim*, in: Westdeutsche Zeitschrift für Geschichte und Kunst, Jg. 9, Trier 1890, S. 54–92, S. 97–148.

von Cohausen, Karl August: *Der Palast Karl des Großen in Ingelheim und die Bauten seiner Nachfolger daselbst*, in: Abbildungen von Mainzer Alterthümern, mit Erklärungen, hrsg. vom Verein zur zur Erforschung der Rheinischen Geschichte und Alterthümer, Bd. 5. Separatdruck aus: Zeitschrift des Vereins zur Erforschung der Rheinischen Geschichte und Altertümer, Mainz 1852.

von Cohausen, Karl August: *Zwei Restauarationsversuche der Festhalle in der Kaiserpfalz Ingelheim*, in: Jahrbücher des Vereins von Alterthumsfreunden im Rheinlande 20, 1853, S. 140–146.

Münster, Sebastian: *Hebraica Biblia*, Basel 1534, Bd. 1, C 3 verso. Aus dem Hebräischen bei Karl Heinz Burmeister: *Sebastian Münster – Eine Biographie*, in: Karl-Heinz Henn und Ernst Kähler (Hg.): Sebastian Münster (1488–1552). Universalgelehrter und Weinfachmann aus Ingelheim. Beiträge zur Ingelheimer Geschichte. Heft 46, Ingelheim 2002, S. 20.

Münster, Sebastian: *Cosmographia. Bschreibug aller Lender durch Sebastianum Munsterum in welcher begriffen/Aller völcker Herschafften/Stetten/vnd namhafftiger flecken/herkomen: ...*, Basel 1544, S. 335 ff.

Schöpflin, Johann Daniel: *Dissertatio de Caesareo Ingelheimensi palatio*, in: Acta Academiae Theodoro-Palatinae, Vol. I, S. 300–321.

## LITERATUR

Blum, Robert (Übers. u. Bearb.): *Johann Daniel Schöpflin: Die kaiserliche Pfalz zu Ingelheim*, in: Ingelheimer Zeitung vom 20.1.1951.

Burmeister, Karl Heinz: *Sebastian Münster – Eine Biographie*, in: Karl-Heinz Henn und Ernst Kähler (Hg.): Sebastian Münster (1488–1552). Universalgelehrter und Weinfachmann aus Ingelheim. Beiträge zur Ingelheimer Geschichte. Heft 46, Ingelheim 2002, S. 20–26.

Fester, Richard (Hg.): *Johann Daniel Schoepflins brieflicher Verkehr*, Bibliothek des literarischen Vereins in Stuttgart, Bd. 204, Tübingen 1906.

Großmann, G. Ulrich: *Bau- und Burgenforschung im Werk Karl August von Cohausens*, in: Nassauische Annalen, Bd. 123, 2012, S. 453–479.

Mainzer, Udo: *Paul Clemen. Zur 125. Wiederkehr seines Geburtstages.* Jahrbuch der Rheinischen Denkmalpflege, Bd. 25, Köln 1991.

Voss, Jürgen: *Universität, Geschichtswissenschaft und Diplomatie im Zeitalter der Aufklärung: Johann Daniel Schöpflin (1694–1771)*, München 1979.

Voss, Jürgen: *Johann Daniel Schöpflin. Wissenschaftliche und diplomatische Korrespondenz*, Stuttgart 2002.

Zeller, Adolf: *Die Auswertung des Befundes früher Bauanlagen im Saale in Ingelheim: Reichsaal und Kaiserwohnung*, in: Forschungen an karolingischen Bauten im Rheingau und in Rheinhessen, Bd. 1, Berlin 1935, S. 5–34.

Archäologische Feinarbeit der Forschungsstelle Kaiserpfalz

*Gabriele Blaski*

# „MIT DER EISERNEN BRECHSTANGE ALS BOHRER"
## Ausgrabungen seit 1888

Über die unter seiner Leitung durchgeführten Ausgrabungen in der Kaiserpfalz schrieb der Kunsthistoriker Paul Clemen im Jahr 1890: „Diese Untersuchungen konnten bei der geringen Höhe des Bodens (80 cm) mit einer eisernen Brechstange als Bohrer vorgenommen werden" (Clemen 1890). Dieses Vorgehen mag heute befremdlich wirken, es markierte jedoch einen Wandel in der Untersuchung historischer Bauwerke. Erstmals wurde der Blick auch auf den Untergrund gerichtet und eine Öffnung des Bodens vorgenommen. Dabei handelte es sich zwar noch nicht um systematische Untersuchungen, jedoch wurde mit den Grabungen Clemens die archäologische Erforschung der Ingelheimer Kaiserpfalz eingeläutet. In den folgenden Jahrzehnten sollten Grabungen im und um das Kaiserpfalzgebiet weitreichende Kenntnisse zur Pfalz Karls des Großen und seiner Nachfolger mit sich bringen und das Bild, welches wir heute von der Kaiserpfalz haben, ausformen.

### 1909 BIS 1914: ERSTE SYSTEMATISCHE AUSGRABUNGEN UNTER CHRISTIAN RAUCH

Im Jahr 1909 begannen unter dem Kunsthistoriker Christian Rauch erste Plangrabungen im Kaiserpfalzgebiet (Abb. 1). Insgesamt leitete Rauch bis zum Ausbruch des Ersten Weltkrieges fünf Grabungskampagnen im Ingelheimer „Saal", deren Ergebnisse erstmals die Größe und bauliche Gliederung einer Pfalz karolingischer Zeitstellung in den Grundzügen erkennbar werden ließen. Das 1931 im Römisch-Germanischen Zentralmuseum in Mainz nach den Angaben des Ausgräbers angefertigte Rekonstruktionsmodell wurde bald zum Inbegriff eines frühmittelalterlichen Palatiums. Die Grabungen selber beschränkten sich jedoch weitestgehend auf das oberflächliche Freilegen von Mauerzügen. Die Untersuchung von Erdschichten (Stratigraphie), heute einer der Schlüssel zur relativen Datierung von archäologischen Befunden, blieb nicht nur unbeachtet, vielmehr führte die angewendete Grabungsmethode zu einer unwiderruflichen Zerstörung der an die Mauerwerke angebundenen Erdschichten. Eine chronologische Differenzierung der Befunde blieb aus.

### 1960 BIS 1970: AUSGRABUNGEN WALTER SAGES – NUTZUNG DER STRATIGRAPHISCHEN METHODE

Erst 1976 publizierte Rauch einen Großteil seiner Grabungsergebnisse. Zu diesem Zeitpunkt hatten in den Jahren

Abb. 1 | Rauch und seine Grabungsmannschaft in der Aula regia, 1909

1960 bis 1970 bereits weitere Grabungen stattgefunden, die jedoch auf Grund der fehlenden Grabungsdokumentation Rauchs in Unkenntnis der Altgrabungen durchgeführt werden mussten. Der Fortsetzung der Untersuchungen seit 1960 unter der Leitung des Mittelalterarchäologen Walter Sage lag zunächst eine denkmalpflegerische Zielsetzung zu Grunde, da mit ihnen Fragen zur Baugeschichte der Saalkirche beantwortet werden sollten, bevor diese durch Renovierung und den Anbau eines Westhauses weitreichenden Veränderungen unterzogen war. Der besondere Erfolg der Sondagen im Inneren und im Hofbereich der Kirche führte zu weiteren Grabungen unter der Leitung Sages (Abb. 2). Die Untersuchungen wurden auf andere Pfalzbereiche ausgeweitet, unter anderem in der Aula regia sowie im südlichen Teil der Exedra (Halbkreisbau). Durch die Anwendung der stratigraphischen Methode konnten Sage und seine wissenschaftlichen Mitarbeiter Hermann Ament und Uta Wengenroth-Weimann drei verschiedene Bauperioden bestimmen und die Bauten der Pfalz diesen Zeitstufen zuordnen. Insgesamt machten die Grabungsergebnisse Sages eine Neubewertung der bisherigen Rekonstruktion erforderlich. So konnte beispielsweise die Saalkirche, die von Rauch als karolingische Pfalzkirche gedeutet worden war, als ein Bau des 10. Jahrhunderts identifiziert werden. Sages Team wies zudem nach, dass es sich bei der Saalkirche wie auch der Aula regia um einschiffige Bauten gehandelt hatte. Diese neuen Erkenntnisse führten zu einer umfassenden Korrektur des von Rauch ausgearbeiteten Modells der Kaiserpfalz. 1970 mussten die Grabungen in Folge des Mangels an Untersuchungsflächen eingestellt werden. Eine Auswertung und Publikation der Grabungsergebnisse blieb aus unterschiedlichen Gründen zunächst aus.

## SEIT 1993: DIE FORTSETZUNG DER ERFORSCHUNG DER KAISERPFALZ

Es sollte über 20 Jahre dauern, bis eine Wiederaufnahme der Geländearbeit im „Saalgebiet" möglich wurde. Ausschlaggebend war eine von Ingelheim selbst ausgehende Initiative zur erneuten Aufnahme der Forschungen, welche von der Landesarchäologie Mainz aufgegriffen wurde. Im Jahr 1993 wurde unter der Leitung von Holger Grewe die Erforschung der Ingelheimer Pfalz fortgesetzt. Diese verfolgte drei Zielsetzungen: die Auswertung und Überprüfung von Altgrabungen, die Durchführung von Grabungen auf bisher nicht untersuchten Arealen sowie eine Verbesserung der Darstellung des Denkmals Kaiserpfalz (vgl. hierzu den Beitrag von Holger Grewe in diesem Band, Kapitel 5). 1993 war es dem Team zunächst lediglich in zwei Bereichen möglich, Grabungen durchzuführen: in der Karlstraße 7 sowie in der Karolingerstraße 5. Der Ankauf des Anwesens Karolingerstraße 13 durch die Stadt Ingelheim im Jahr 1994 läutete schließlich den Beginn von Plangrabungen ein. Erstmals bestand Zugriff auf das Gelände der Aula regia (Abb. 3). Nach Abriss dortiger Gebäude konnten sowohl im Inneren der Aula wie auch östlich in Richtung der Saalkirche großflächige Grabungsschnitte geöffnet werden. Dabei zeigte sich, dass das Bodendenkmal in diesem Bereich von modernen Störungen weitreichend verschont geblieben war – ein Glücksfall für das Team der Archäologen. Weitere Schwerpunkte waren in den folgenden Jahren die Untersuchungen des Halbkreisbaus sowie des Heidesheimer Tores. Die Erforschung der Kaiserpfalz beschränkte sich jedoch nicht nur auf das unmittelbare Pfalzareal. In den Jahren 1996 bis 1998 konnten auf Grund von Baumaßnahmen in der Ottonenstraße auch außerhalb der Pfalz Untersuchungen durchgeführt werden, welche den Nachweis einer

Abb. 2 | Das Grabungsteam um Walter Sage, 1962

Abb. 3 | Holger Grewe (links) mit seinem Grabungsteam in der Aula regia, 1995

vorgelagerten Pfalzsiedlung erbrachten. Funde lassen dabei auf das Bestehen der Siedlung während des frühen und des hohen Mittelalters schließen. Die Ausgrabungen in diesem Bereich wurden gekrönt durch den Fund der Goldmünze Karls des Großen, dem sogenannten Solidus (siehe S. 50).

Die Grabungen der Jahre 2010 bis 2013 fanden ihren Schwerpunkt in der Öffnung von Grabungsflächen um und in der St.-Remigiuskirche. Sie lieferten den Nachweis eines karolingerzeitlichen Sakralbezirkes der Kaiserpfalz.

Seit 1993 konnten dank der durchgeführten Untersuchungen umfangreiche neue Erkenntnisse zur Kaiserpfalz gesammelt werden. 2001 wurde die Forschungsstelle Kaiserpfalz als dauerhafte Forschungs- und Denkmalpflegeeinrichtung in Trägerschaft der Stadt Ingelheim am Rhein eingerichtet. Das Pfalzgebiet bietet dabei noch weitreichende Chancen für die Archäologie, da einzelne Bereiche bisher nicht untersucht sind. So liegen bislang nur wenige Kenntnisse zur Innenbebauung der Pfalz vor. Das Gelände zwischen der Aula regia und der Saalkirche konnte bisher nicht erforscht werden, ebenso wie die Nordwestecke der Pfalz, wo der Hauptzugang der Kaiserpfalz vermutet wird (Tafel 20, S. 64). Das 2005 entstandene Volumenmodell der Pfalz bildet diesen Zugang ab, jedoch stellt es lediglich eine hypothetische Annahme dar, die erst durch entsprechende Grabungsergebnisse unterlegt werden muss. Es wäre nicht das letzte Mal, dass ein Modell der Kaiserpfalz auf Grund eines Erkenntniszuwachses aktualisiert werden müsste. Auch die Forschungsergebnisse künftiger Generationen von Archäologen werden in Modelle einfließen und das Bild der Kaiserpfalz weiter ausformen.

## LITERATUR

Binding, Günther: *Deutsche Königspfalzen. Von Karl dem Großen bis Friedrich II. (765–1240)*, Darmstadt 1996.

Clemen, Paul: *Der karolingische Kaiserpalast zu Ingelheim*, in: Westdeutsche Zeitschrift für Geschichte und Kunst, Jg. 9, Trier 1890, S. 54–92, S. 97–148.

Grewe, Holger/Sage, Walter: *Die Königspfalz Ingelheim am Rhein. Auswertungen von Altgrabungen und neue Geländeuntersuchungen*, in: Forschungsforum. Berichte aus der Otto-Friedrich-Universität Bamberg, Heft 10, 2001, S. 50–57.

Grewe, Holger: *Forschen, Erschließen, Bewahren – Ein Zwischenbericht über die Kaiserpfalz Ingelheim*, in: Landesamt für Denkmalpflege Rheinland Pfalz (Hg.): Baudenkmäler in Rheinland Pfalz 2004, 2005.

Grewe, Holger: *Der Neubeginn archäologischer Ausgrabungen in der Königspfalz Ingelheim (1998)*, in: Historischer Verein Ingelheim e. V. (Hg.): Beiträge zur Ingelheimer Geschichte, Heft 54, 2014, S. 21–31.

Jacobi, Hans-Jörg/Rauch, Christian: *Die Ausgrabungen in der Königspfalz Ingelheim 1909–1914*, in: Böhner, Kurt/Kühn, Heinz (Hg.): Monographien des Römisch-Germanischen Zentralmuseums 2, Mainz 1976.

Rauch, Christian: *Nieder-Ingelheim. Ausgrabungen in der Kaiserpfalz*, in: Römisch-Germanisches Korrespondenzblatt, Heft 3, Trier/Lintz 1910, S. 65–71.

Rauch, Christian: *Die Ausgrabung der karolingischen Kaiserpfalz zu Nieder-Ingelheim am Rhein 1909 und 1910*, in: Quartalsblätter des Historischen Vereins für das Großherzogtum Hessen, N.F. 5, Darmstadt 1911–1915, S. 24–28.

Sage, Walter: *Die Ausgrabungen in der Pfalz zu Ingelheim am Rhein 1960–1970*, in: Francia 4, München/Zürich 1976, S. 141–160.

Wengenroth-Weimann, Uta: *Die Grabungen an der Königspfalz zu Nieder-Ingelheim in den Jahren 1960–1970*, in: Franz Josef Hassel/Karlheinz Henn: Beiträge zur Ingelheimer Geschichte 23, Ingelheim 1973.

# V | SPURENSUCHE IN DER GEGENWART

Besucher im archäologischen Präsentationsbereich Heidesheimer Tor 2009

*Holger Grewe*

# FORSCHEN – SICHERN – ERSCHLIESSEN

## Archäologie, Denkmalpflege und Stadtsanierung im Kaiserpfalzgebiet seit 1993

### EINLEITUNG

„Die berühmte Ingelheimer Kaiserpfalz, in der Karl der Große glänzenden Hof hielt, befindet sich in einem derart unwürdigen Zustande, dass man auf den Mauerresten nur noch alte Töpfe, Nachtgeschirre, Schutt und Unrat in Hülle und Fülle findet. Verwahrloster kann in Deutschland keine Stätte großer geschichtlicher Erinnerungen sein als diese einstige Pfalz am Rhein. Das zerfallene Mauerwerk dient alten Ställen als Stütze [ ... und] die Bewohner holen nach Belieben aus den Trümmern Steine und Steinplatten für ihre Privatbauten. Keine Verwaltung, keine Regierung und kein Historiker kümmert sich um diese Stätte hoher geschichtlicher Erinnerungen [...]."
Das Urteil eines anonymen Besuchers im Saalgebiet von Ingelheim, der seine Eindrücke dem „Mainzer Journal" und der „Ingelheimer Zeitung" vom 10.5.1926 anvertraute, ist nur eine von vielen Klage führenden Stimmen über den baulichen Zustand der ehemaligen Kaiserpfalz. Sie alle haben es nicht vermocht, die fortschreitende Zerstörung selbst durch flächenhafte Substanzverluste zu verhindern, die bis in das 4. Viertel des 20. Jahrhunderts noch konstatierbar sind. Es ist bemerkenswert, dass der bauliche Niedergang aber mit einer Zunahme des Wissens über das Denkmal und seine komplizierte Baugeschichte einherging. Denn sowohl 1909–1914 als auch 1960–1970 fanden archäologische Grabungen im Ingelheimer Saal statt. Bereits die frühesten Kampagnen hatten eine konkrete Vorstellung von der Lage und Größe mehrerer ehemaliger Pfalzgebäude vermittelt, die sorgfältig vermessen und kartiert seit 1910 sukzessive veröffentlicht worden sind. Diese eindrucksvollen Grabungspläne wurden später durch Nachgrabungen überprüft und erweitert. Da hierbei endlich die stratigraphische Grabungsmethode angewendet wurde, konnten die seit 1965 publizierten Grabungsberichte bereits mit einer anschaulichen Bauchronologie aufwarten, welche die Entwicklung der Pfalz Karls des Großen bis hin zur stauferzeitlichen Pfalzburg Friedrich I. Barbarossas im Grobraster nachzuzeichnen vermochte. Die Feststellung, dass beide Forschungsabschnitte gänzlich ohne Auswirkungen auf die Sicherung und Präsentation des Denkmals endeten, ist Teil der Erklärung für seine anhaltende Bedrohung. Fortgesetzte bauliche Veränderungen zum Nachteil des historisch gewachsenen Ortsbildes, mangelnde Anschaulichkeit der Pfalzanlage und schließlich der Wunsch nach mehr Archäologie, etwa an bislang unzugänglichen „Schlüsselstellen" wie der Aula regia, führten 1993 zur Wiederaufnahme der Ausgrabungen. Nach kleinräumigen Bodenöffnungen in der Karlstraße und Karolingerstraße trugen günstige Rahmenbedingungen dazu bei, dass bereits die zweite Kampagne 1994 im Inneren der Aula regia stattfinden konnte. Untersuchungen ihres Vorgeländes im Osten und Süden schlossen sich direkt an (Tafel 20, S. 64).

Die Überführung privater Hausgrundstücke in öffentliches Eigentum, die nun durch „Spatenforschung" aufgedeckten Mauern und die zu Tage gebrachten Funde eröffneten bislang nicht dagewesene Möglichkeiten und schufen zugleich die Notwendigkeit, sich fortan mit der Nachnutzung der Untersuchungsbereiche und der Sicherung der archäologisch-bauhistorischen Befunde und Funde auseinanderzusetzen.

Der vorliegende Beitrag beschreibt Leitgedanken der Konservierung, Erschließung und Präsentation des Bau- und Bodendenkmals Kaiserpfalz Ingelheim, die seit 1998 konzeptionell entwickelt und von 2001 an baulich realisiert werden. Ausgrabungen, Denkmalpflege und Stadtsanierung formen seither das Denkmal und sein städtebauliches Umfeld, seine Funktionalisierung und seinen Wohnwert (Grewe 2011). Das Jubiläum Karls des Großen 2014, der mit seinem Palastbau den Grundstein für die weitere 1200-jährige Geschichte legte, liefert den Anlass für eine Zwischenbilanz.

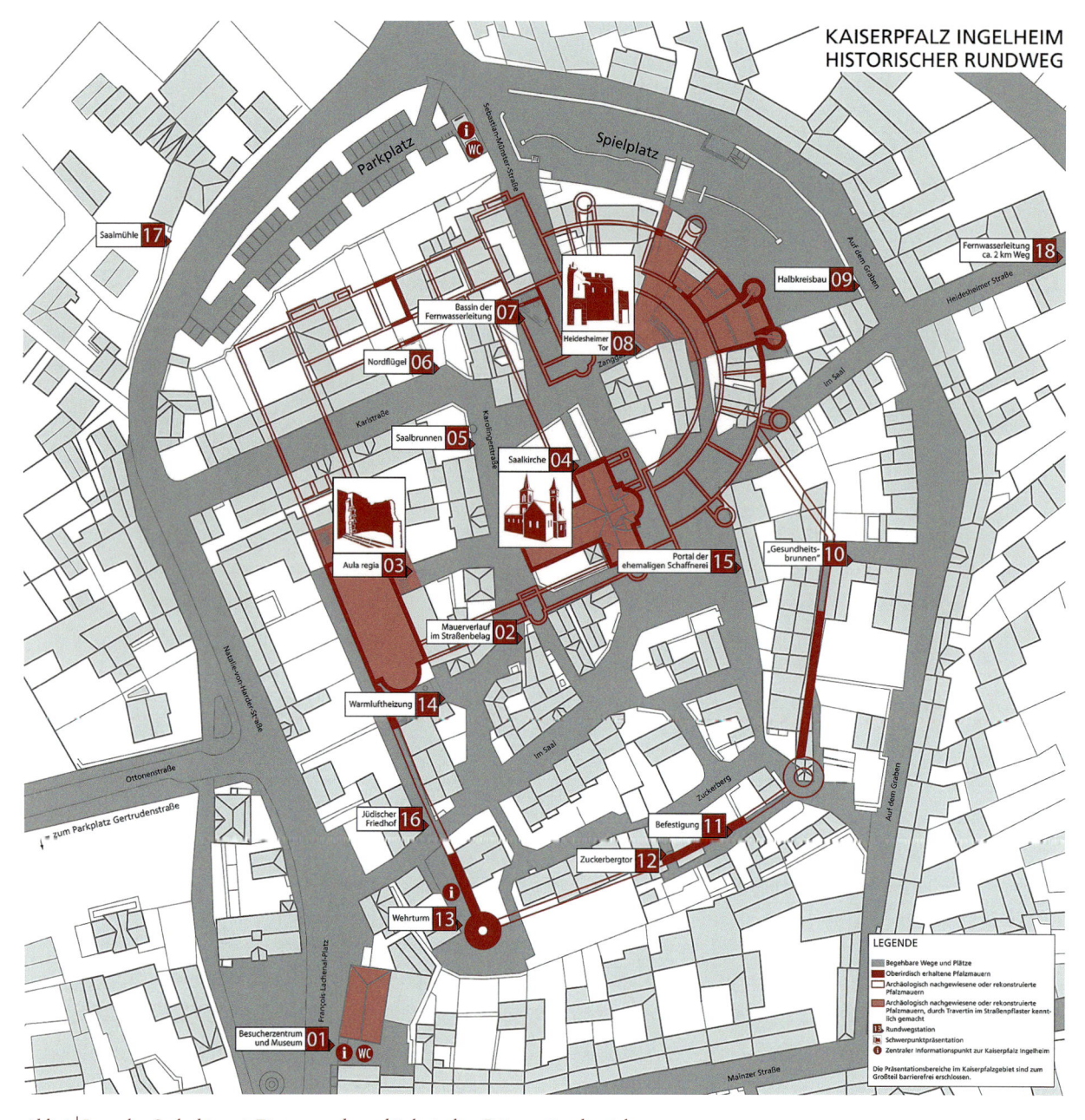

Abb. 1 | Lageplan Saalgebiet mit Eintragung der archäologischen Präsentationsbereiche

## DENKMALPFLEGEKONZEPT UND DIDAKTIK

Das Konzept zur Untersuchung, Erhaltung und Erschließung der Kaiserpfalz gründet auf einer räumlich und zeitlich stark vereinfachten Struktur, in der jede der drei Hauptbauperioden durch ein Bauteil *pars pro toto* dargestellt wird. So präsentiert die Aula regia die Pfalz der Karolinger, die Saalkirche die Pfalz der Ottonen und das Heidesheimer Tor mit seiner Befestigungsarchitektur die Pfalz der Staufer. Seit der Fertigstellung dieser drei Präsentationsbereiche im Jahr 2007 werden Besucher über die kennzeichnenden Formen der einzelnen Bauperioden, die Größe und Gliederung des Pfalzbezirks und seine historische Entwicklung vom 8. bis zum 14. Jahrhundert in den Grundzügen informiert (Abb. 1).

Zu diesem Zweck wurden Denkmäler durch Hausabrisse freigelegt, es entstanden neue Sichtachsen und Einblicke in den historischen Stadtboden. Den tiefreichenden Veränderungen wurden folgende Leitlinien zu Grunde gelegt, deren Vision, Strategie und Ziel zu beschreiben die weiteren Ausführungen dienen:

1. Verzicht auf (Teil-)Rekonstruktionen;
2. Konservierung der Mauer- und Fundamentreste zur dauerhaften Präsentation *in situ* ( = in Originallage);
3. Absenkung des heutigen Stadtbodens zur Sichtbarmachung von Bodendenkmälern;

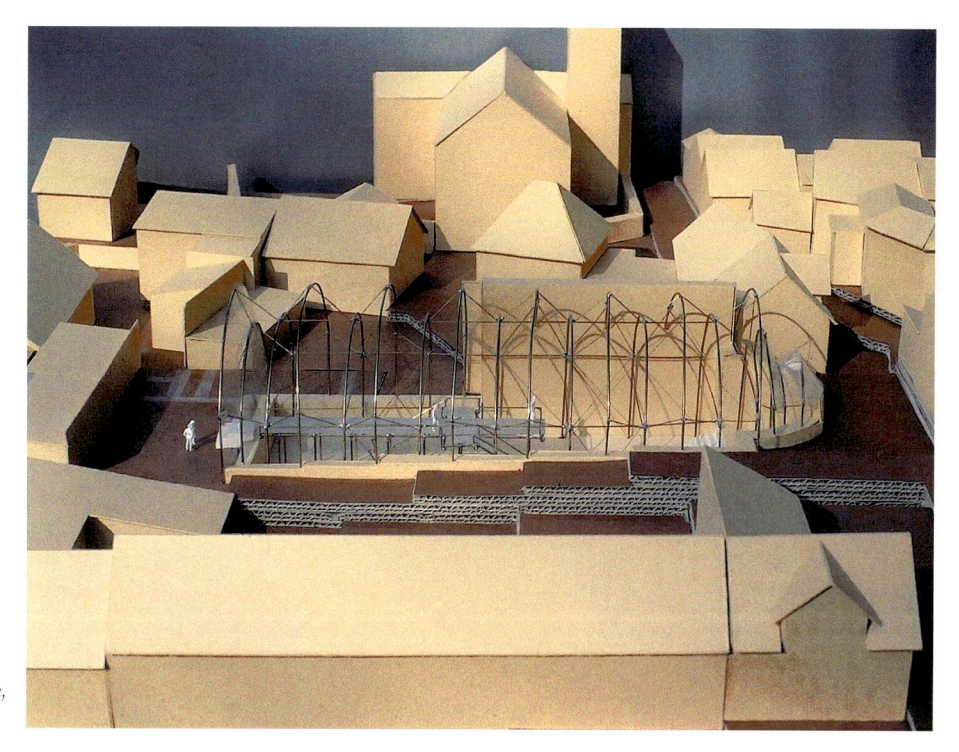

Abb. 2 | FH-Wettbewerb zur Sicherung und Gestaltung der Aula regia. Entwurf Nadja Huhle, 1998

4. Herstellung von Erschließungsbauwerken und Informationsbereichen in kontrastierendem Baumaterial;
5. Entwicklung medialer Informationssysteme.

Zwei Begleitumstände haben die Konzeptentwicklung sehr befördert: Erstens war keine Rücksicht auf bestehende Einrichtungen zu üben, die – von einer Kuriositätensammlung älterer Objektbeschilderungen abgesehen – am Ort nicht existierten. Zweitens sind Forderungen nach einem archäologischen Park oder Museum oder nach anderen Einrichtungen zum Zweck der Einnahmenerzielung nach einer anfänglichen Grundsatzklärung zu keinem späteren Zeitpunkt erhoben worden. So war es möglich, das Konzept von wissenschaftlicher und denkmalpflegerischer Warte aus universal, homogen, unabhängig und in maximaler Ausprägung objektspezifiziert zu entwickeln.

## VERZICHT AUF (TEIL-)REKONSTRUKTIONEN

Die grundlegenden methodischen Probleme von Wiederaufbauten und Rekonstruktionen im Baubestand bedürfen an dieser Stelle keiner Wiederholung: Allein die Vergewisserung über den Zerstörungsgrad und Erhaltungszustand des Denkmals und über den weitreichenden Mangel an Vergleichsbauten münden zwangsläufig im Ausschluss dieser beiden Möglichkeiten (Schmidt 2000, Kirschbaum 1998).

Darüber hinaus begründen folgende Überlegungen zur lokalen Überlieferungssituation im Saalgebiet den Verzicht auf bauliche Rekonstruktionen: Erstens die Überlagerungen verschiedener Perioden und Phasen, die einer insgesamt über 500-jährigen mittelalterlichen Baugeschichte entstammen. Zweitens der in Teilbereichen geringe Umfang der Überlieferung, der keine gesicher-

Abb. 3 | Architektenentwurf zur musealen Gestaltung der Aula regia. Entwurf: Arno Lederer, 1999

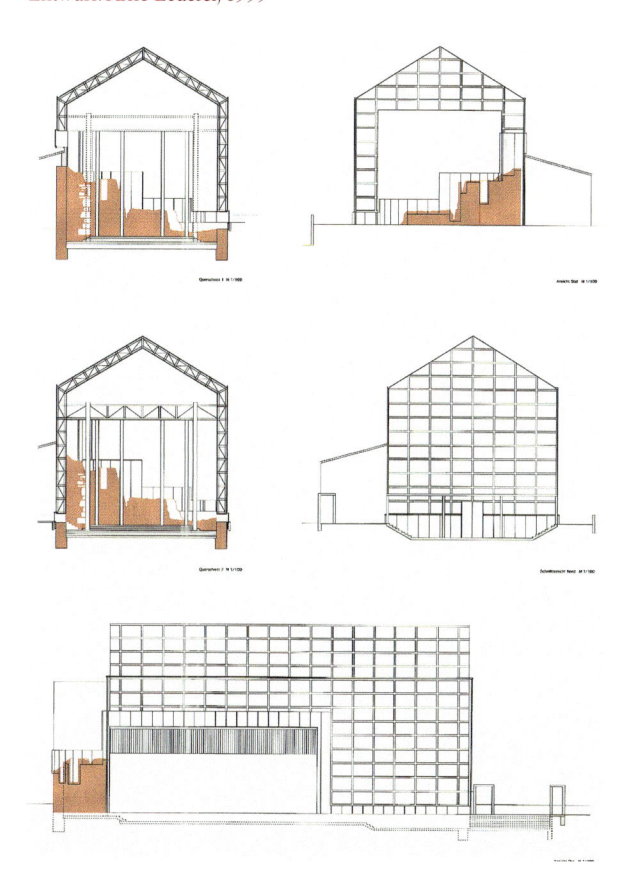

Forschen – Sichern – Erschließen | 115

Abb. 4 | Prinzipien der Mauerwerkssanierung: Verschleißschicht, Bleiband. Zur Erschließung der Präsentationsbereiche werden kontrastierende Materialien verwendet.

ten Rückschlüsse auf die Bauart, Form und Größe untergegangener Architekturglieder zulässt. Drittens die geringe Kenntnis über Vergleichsbauten, ein für die herrschaftliche Profanarchitektur des Frühmittelalters nachgerade dramatischer Mangel, die aber im Falle der Unmöglichkeit von Rekonstruktionen aus dem Befund heraus notwendig in ausreichender Qualität und Zahl verfügbar sein müssten. Dabei werden die bisweilen fatalen Folgen baulicher Wiederherstellungsversuche ausgerechnet an einem anderen Pfalzbau sichtbar: der Kaiserpfalz in Goslar.

Abb. 5 | Nachbau einer im Befund angetroffenen Säulenbasis am Heidesheimer Tor

Mit Erleichterung über ihren Ausgang ist von daher diese Episode aus wilhelminischer Zeit zu lesen: Das große öffentliche Interesse an den Ausgrabungen ab 1909 fand in dem geplanten Besuch Kaiser Wilhelms II. im August 1914 seinen Höhepunkt, der jedoch unter dem Einfluss des unmittelbar bevorstehenden Kriegsausbruchs abgesagt werden musste. Hätte die Pfalz Ingelheim wiederaufgebaut und das Saalgebiet einer Stein gewordenen Vorstellung dessen weichen sollen, was die noch junge archäologische Disziplin seinerzeit unter dem „Palast Karls des Großen" verstand? Das Limeskastell Saalburg im Taunus und die Hohkönigsburg im Elsass entstanden wenige Jahre zuvor aus gleicher Wurzel neu, und es ist fraglich, ob kritischere Positionen, etwa die im Kontext der Restaurierung des Heidelberger Schlosses geäußerte Fundamentalkritik Georg Dehios, einen Wiederaufbau hätten verhindern können (Schock-Werner 1999).

## KONSERVIERUNG DER MAUER- UND FUNDAMENTRESTE ZUR DAUERHAFTEN PRÄSENTATION IN SITU

Mauer- und Fundamentreste werden bei archäologischen Grabungen zumeist in einem fortgeschrittenen Verfallsstadium angetroffen: Ausbruchstellen, hervorgerufen durch den Leitungsbau, Schädigung von Mörteln und Steinmaterial durch Feuchte, Luftabschluss und andere Faktoren der Bodenlagerung gebieten eine fachgerechte Schadensbeurteilung und -reparatur, für die Archäologen heute mit spezialisierten Restauratoren zusammenwirken. Unter den im Saalgebiet von Ingelheim obwaltenden Umständen werden gegenwärtig auch obertägig erhaltene Abschnitte historischer Mauern in bedeutendem Umfang freigelegt, da, wie eingangs beschrieben, in einer Vielzahl von Fällen nur der Abriss neuzeitlicher und moderner Gebäude überhaupt erst die Voraussetzung für wissenschaftliche Untersuchungen herzustellen geeignet ist.

Abb. 6 | Archäologischer Schutzbau über einer Warmluftheizung am Apsismauerwerk der Aula regia. Links oben: Urentwurf 1997, links unten: Befund. Rechts: Schutzbau nach der Fertigstellung 2000

Aus dem unerschöpflichen Fundus widerstreitender Positionen in konservatorischen Fragen stammt auch die nach Schutzbau oder Mauerwerksertüchtigung unter freiem Himmel. Im frühen Stadium der Konzeptfindung trugen ein Architektenentwurf sowie ein Wettbewerb der Fachhochschulen Mainz und Wiesbaden hilfreich dazu bei, die Grenzen und Möglichkeiten des Einsatzes von Schutzkonstruktionen zu prüfen (Abb. 2). Würde es möglich sein, die Pfalzmauern und -fundamente und darüber hinaus Erdbefunde, zum Beispiel archäologische Kontrollprofile, dauerhaft unter Dach zu erhalten? Die Bearbeitung des Fallbeispiels Aula regia zeigte bald, dass unabhängig von Bauart und Form hier wie andernorts kein Raum zur Gründung der Konstruktionen bereitstand. Während innenliegende Gründungen zentrale Blickachsen verbaut und schließlich die Raumnutzung stark eingeschränkt hätten, bestanden für außenliegende Fundamente in der Regel weder die räumlichen noch die eigentumsrechtlichen Voraussetzungen (Abb. 3).

So zielen die nach den restauratorischen Vorgaben des Instituts für Steinkonservierung und der Denkmalfachbehörde entwickelten Maßnahmen auf die Ertüchtigung und den Schutz der historischen Mauerwerke zur dauerhaften Präsentation unter freiem Himmel. Dazu zählen in Auswahl: Kronensicherung durch Aufbringen einer Verschleißschicht mit zementhaltigem Mörtel, Laboranalyse historischer Mörtel zur Rezeptentwicklung für Sanier- und Fugmaterial, optische Trennung von Originalmauerwerk und Kronensicherung durch eingelegte Bleibänder, Vermauerung von Ausbruchstellen mit Formziegeln (Abb. 4).

Doch jede Regel erzwingt Ausnahmen. Es soll nicht unerwähnt bleiben, dass bei der Freilegung eines Portikus (offene Vorhalle) mit Pfeilerhalle am Heidesheimer Tor die Standpunkte von Säulen und Wandpilastern (pfeilerartiges Architekturelement) durch abstrahierte Teilnachbauten aus durchgefärbtem Sichtbeton dargestellt worden sind (Abb. 5). Der hohe Zerstörungsgrad des Originals und die Alleinstellung der Bauteile in der Architekturüberlieferung des Mittelalters erzwang diese Lösung, für die immerhin die vorbildgebenden Pilaster- und Säulenbasen bei Altgrabungen *in situ* (= in Originallage) angetroffen und geborgen worden sind (Jacobi/Rauch 1976).

Den konzeptuellen Sonderfall eines archäologischen Schutzbaus begründete schließlich die Aufdeckung einer Warmluftheizung aus der Zeit um 1200. Das auf Grund seiner Bauart, Größe und insbesondere wegen seines Erhaltungszustands einzigartige tech-

Forschen – Sichern – Erschließen | 117

nikgeschichtliche Denkmal konnte nur *in situ* (= in Originallage) erhalten werden. Zu diesem Zweck wurde an der äußeren Südostecke der Aula regia ein klein dimensioniertes Schutzbauwerk errichtet, das durch die Stahlkonstruktion, die Vollverglasung der Fassade und die Teilverglasung der Dachfläche eine größtmögliche Transparenz und Helligkeit im Innern ermöglicht. Mehr noch, als es sich für die Präsentation der Warmluftheizung als nützlich erwies, dient sie dazu, das Apsismauerwerk der Aula regia nicht zu verbauen, sondern es als den fraglos wichtigsten Denkmalbereich so gering wie möglich zu beeinträchtigen (Abb. 6). Im Übrigen hat die Steuerung der Luftzirkulation mittels Ein- und Auslassöffnungen ohne den Einsatz von Klimatechnik zur langsamen Austrocknung der aus Lehm und Becherkacheln errichteten Ofenwände und somit zur dauerhaften Stabilisierung des ausgesprochen fragilen Befundes geführt. Allerdings schärfte dieselbe Konstruktion auch das Bewusstsein für die Problematik des Bauens im Denkmalbestand, denn für den Anschluss der Dachkonstruktion wurde eine 50 mm tiefe Ausklinkung im historischen Mauerwerk erforderlich. In der Entwicklung auch dieser Schutzbaukonstruktion erwies es sich erstmals als besonders vorteilhaft, bereits während der Ausgrabung mit der Grundlagenermittlung und dem Vorentwurf (Leistungsphasen 1, 2 der HOAI) zu beginnen. Der auf den Grabungsbefund fokussierte Blick des Archäologen ist ein unter Umständen hilfreiches Korrektiv zur gestalterischen Planungsarbeit des Architekten. Bei nachfolgenden Erschließungsmaßnahmen erstreckte sich die Zusammenarbeit in einem Stab bis zur Ausführungsplanung, im Einzelfall bis zur Bauleitung (vgl. Beitrag Katharina Peisker in diesem Band).

## ABSENKUNG DES HEUTIGEN STADTBODENS ZUR SICHTBARMACHUNG VON BODENDENKMÄLERN

Im engeren Pfalzbezirk, dem Bereich also, in dem durchwegs mit Steinbauten zu rechnen ist, stehen nur ca. 5–10 Prozent der ehemaligen Gebäudesubstanz als oberirdisches Mauerwerk. Der weitaus größere Teil des Palastbezirks ist nur unter dem Stadtboden erhalten und ist doch von fundamentaler Wichtigkeit für das Verständnis der Gesamtanlage. Auf die Wahrnehmung dieser Reste ist die Schaffung von dauerhaft geöffneten archäologischen Präsentationsbereichen gerichtet, die als eingetiefte Bereiche wie Fenster zum Bodenarchiv fungieren. Bei der Bemessung der Abgrabungstiefe bildet die Oberkante der jüngsten historischen Strate (horizontale Kulturbodenschicht) den limitierenden Faktor. Dort allerdings, wo flächige Störzonen angetroffen werden, kann es besonders eindrucksvoll sein, Laufniveaus auf den historischen Fußbodenhöhen einzurichten. Unter solchen an sich nachteiligen Erhaltungsbedingungen ist es 2000/2001 gelungen, den Nordteil der Aula regia aufzudecken und in Ergänzung mit der teils oberirdisch erhaltenen Apsis die Grundform insgesamt wiederherzustellen. Die weitreichende Zerstörung der Stratigraphie durch Altgrabungen und moderne Bodeneingriffe machte weder die Wiederverfüllung unserer Flächengrabung notwendig noch war sie in Anbetracht der Gesamtumstände geboten. An der Thronapsis schließlich entzündete der geplante Abriss einer Scheunenwand eine Richtungsdiskussion über Wert und

Abb. 7 | Präsentation des Bronzetastmodells. Künstler Egbert Broerken (l.) im Gespräch mit Archäologe Holger Grewe

Abb. 8 | Informationsbereich „Pfalz der Karolinger" an der Aula regia. Die didaktischen Elemente sind vom Denkmal räumlich abgesetzt.

Bedeutung der neuzeitlichen Strukturen. Im Ergebnis musste das Mauerwerk des 18. Jahrhunderts der Prioritätensetzung auf die Ablesbarkeit mittelalterlicher Bauzeugnisse weichen trotz der Tatsache, dass historische Fotografien und mehrere Zeichnungen eine Sehgewohnheit mit eigenständiger Ästhetik und Aussage begründet hatten (Taf. 12, S. 60). Heute stellt dieser Denkmalbereich das einzige Beispiel für einen vollständig freigelegten und begehbaren „Innenraum" einer Thronhalle frühmittelalterlicher Zeitstellung dar.

Die neue Reliefierung des Stadtbodens, die aus den eingetieften „archäologischen Fenstern" resultiert, wird seit 2014 in einem Bronzetastmodell des Künstlers Egbert Broerken dargestellt (Abb. 7). Das Modell bildet den heutigen Zustand des Stadtquartiers ab und zeigt zugleich den Grundriss der Kaiserpfalz im Bauzustand um 800, der mittels tastbarer Linien in die Dachlandschaft der heutigen Wohnbebauung eingraviert ist. Der Standort des Modells im Präsentationsbereich Nordflügel ist die dritte dauerhaft abgegrabene archäologische Zone im Saalgebiet neben dem Exedra-Scheitelbau mit dem Heidesheimer Tor (Tafel 10, S. 59) und der Aula regia.

## HERSTELLUNG VON ERSCHLIESSUNGS-BAUWERKEN UND INFORMATIONS-BEREICHEN IN KONTRASTIERENDEM BAUMATERIAL

Das Erschließungskonzept für die Kaiserpfalz Ingelheim zielt darauf, wie oben dargelegt, Maßnahmen an der Denkmalsubstanz ganz überwiegend auf Freilegung und Konservierung zu beschränken. Folglich gründet die Wirkung der Ruine auf den Betrachter nicht zum Wenigsten darauf, dass die Reste zwar durch die Zeiten reduziert, in jüngerer Zeit jedoch unverändert blieben und damit „authentisch" sind. Sowohl dem ästhetischen Bedürfnis folgend als auch in der Absicht, das Auge des Betrachters auf Farben und Materialien, Verwitterungsspuren, Fugen und zuvorderst Gesamt- und Einzelformen zu lenken und zum Sehen im Sinne von Erkennen zu bringen, gebietet deren räumliche Trennung von modernen Störzonen und die Wahrung des historisch gewachsenen Zustands frei vom Einfluss moderner Einbauten und Möblierungen (Abb. 8).

Demgegenüber werden die zur Erschließung der Präsentationsbereiche notwendigen Bauwerke, insbesondere Stützmauern sowie Treppen oder Rampen für die Barrierefreiheit, in kontrastierendem Material ausgeführt. Die werkstofftechnische Eignung prädestiniert Sichtbeton für die Anforderung, eine aus heutiger Sicht nicht unproblematische Materialwahl, da eine hohen Qualitätsmaßstäben genügende Verarbeitung offenbar kaum beherrscht wird. Schließlich stellt das Denkmalumfeld, nicht das Denkmal selbst, den rechten Ort für Informationsbereiche, deren Erfordernis proportional zum Verlust- und Zerstörungsgrad einer Ruine steigt. Auch die Kleinformen dieser Ausstellungsarchitektur dürfen den Blick auf das Denkmal nicht verbauen und müssen entweder durch Form oder Platzierung von der Denkmalkulisse losgelöst erscheinen.

In allen drei Schwerpunktbereichen der Kaiserpfalzpräsentation übernehmen Informationskonsolen diese Funktion, die für die Aufnahme von Text- und Bildtafeln, von Vitrinen und von Klimagehäusen für rechnergestützte Informationssysteme geeignet sind. Bei der Aula regia wurde die Konsole in eine Besuchertribüne außen vor den nördlichen Zugängen integriert, in der Saalkirche ist die Konsole in eine Ständerkonstruktion eingehängt, und am Heidesheimer Tor wurde der Informationsbereich in ein eigens entkerntes Gebäude eingepasst und liegt somit außerhalb der auf das Denkmal gerichteten Blickachsen.

Die hierbei verwendeten Materialien ergeben durch ihren ausgesprochen modernen Charakter einen kontrastierenden Effekt, der zusätzlich Distanz zu den historischen Bauzeugnissen schafft: Sichtbeton, pulverbeschichtetes Aluminium und Stahl in Eisenglimmerfarbe, Acryl und hoch entspiegeltes Schutzglas können unter den Händen respektvoller Planer durch ihre Farbe, Haptik und geringen Materialquerschnitt optisch stark reduziert eingesetzt werden.

## ENTWICKLUNG MEDIALER INFORMATIONSSYSTEME

Die Präsentation archäologischer Denkmäler zwingt ganz allgemein zur Lösung eines darstellungstechnischen Konflikts: Es gilt, das Unsichtbare, da unter der Erdoberfläche verborgen, zu zeigen und nachvollziehbar zu erläutern. Dort, wo es der archäologische Befund und die Qualität der Überlieferung zulassen, können Schutzbauten und partielle Freilegungen dem Ziel dienen. Sie sind an die Stelle von baulichen Rekonstruktionen und Wiederaufbauten getreten, die im 19. und frühen 20. Jahrhundert das Erscheinungsbild, oft auch die Original-

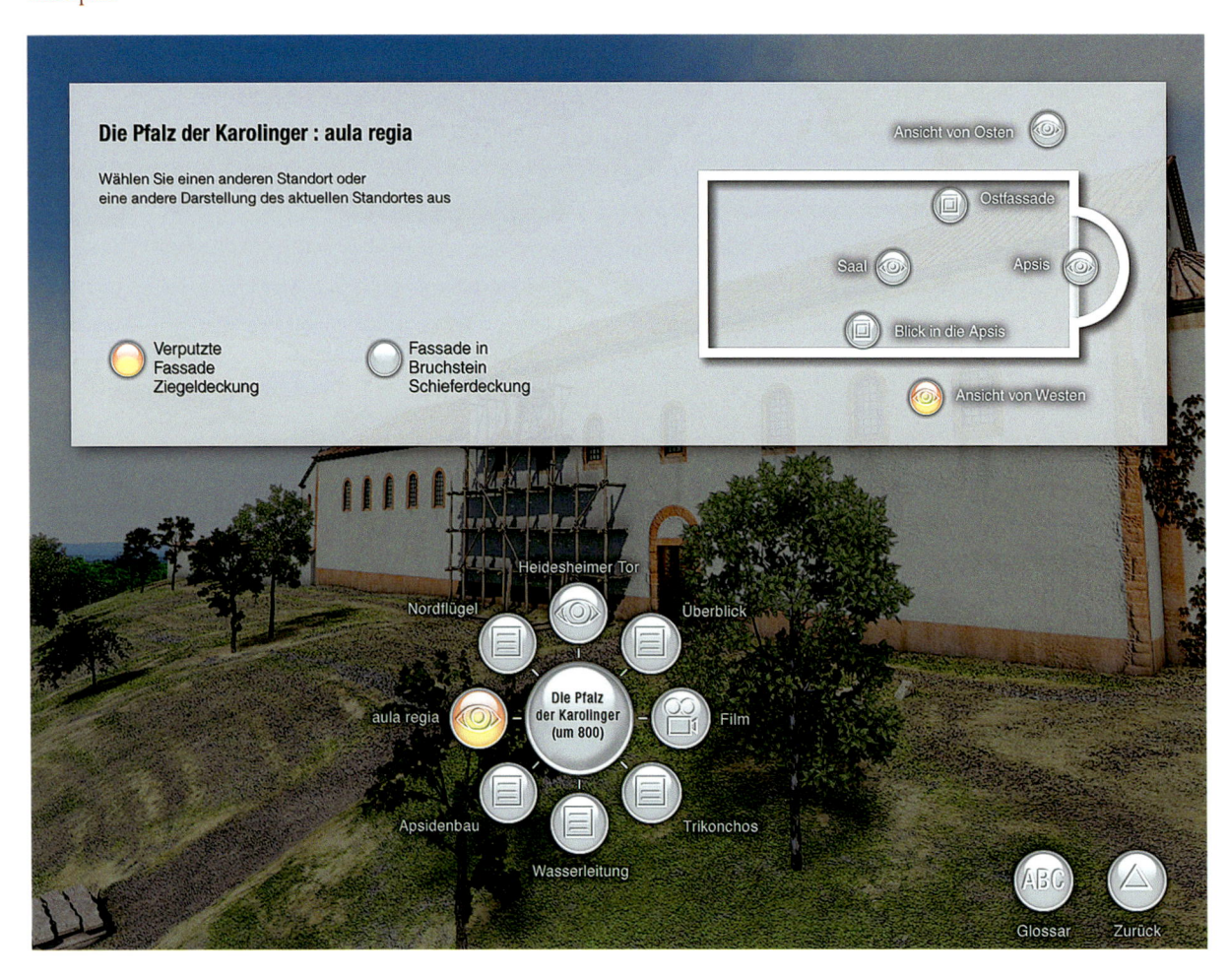

Abb. 9 | Screenshot der interaktiven Terminalpräsentation (ITP) im Ausstellungsraum Kaiserpfalz des Besucherzentrums und Museums bei der Kaiserpfalz

substanz einer großen Zahl von Denkmälern, allen voran der Burgen, nachhaltig verändert haben. Wie aber können großflächige Bodendenkmäler, deren Grenzen mit heutigen Dorfsiedlungen oder Stadtquartieren einhergehen, anschaulich und „wieder erlebbar" gemacht werden? Neben das Problem der Überdeckung durch jüngere Kulturschichten, Überbauung oder Straßenbau treten Kontinuitätsbrüche in Richtung und Flucht, Ausdehnung und Höhenentwicklung. Sofern das Bodendenkmal in historischer Zeit über mehrere Jahrhunderte hinweg genutzt wurde, tritt ein weiteres Problem hinzu: Durch immer neue bauliche Veränderungen ist das Erscheinungsbild, im Einzelfall auch die Funktion des Denkmals, starken Wandlungen unterworfen gewesen.

Diese Fragen standen am Beginn der Entwicklung mediengestützter Informationssysteme für die Kaiserpfalz Ingelheim. Konventionelle Informationsmittel sind ab einer gewissen Stufe von Komplexität der historischen Überlieferung möglicherweise überfordert. Der gedruckte Text kann nicht beliebig lang sein, und die Graphik kann nicht beliebig viele Informationsebenen enthalten, um nur zwei der Kernprobleme zu benennen.

Ein legitimes und mit dem Entwicklungsfortschritt immer tauglicher werdendes Instrument, um den Verzicht auf bauliche Ergänzungen durch geeignete Darstellungsmittel zu kompensieren, sind digitale Architekturrekonstruktionen (Tafel 14, S. 61). Sie bilden nicht nur unter denkmalpflegerischen Gesichtspunkten eine schadlose Möglichkeit der Rekonstruktion, sondern sind auch aus wissenschaftlicher Sicht auf Grund ihres immateriellen Charakters ein zu bevorzugendes Darstellungsmittel. Die Notwendigkeit des Einsatzes dieser oder konventioneller didaktischer Hilfsmittel bemisst sich am Erhaltungszustand des Denkmals und ferner an der Frage, ob die untergegangene Architektur im Analogieschluss rekonstruierbar ist. Ohne Zweifel stellen unter diesem Aspekt die Pfalzen des Früh- und Hochmittelalters beim heutigen Forschungs- und Publikationsstand eine problematische Denkmalgattung mit besonders hohen Anforderungen an das didaktische Konzept dar.

Seit 2004 werden digitale Architekturrekonstruktionen an den Präsentationsschwerpunkten im Freigelände sowie mit Erweiterungsmodulen in der Ausstellung des Museums bei der Kaiserpfalz gezeigt. Hier bewährt sich die gewissermaßen „interaktive" Struktur eines Zusatzmoduls: Es erlaubt, alle Darstellungsinhalte der in HD-Qualität produzierten, annähernd fotorealistischen Rekonstruktionen auf die archäologischen Befunde und sonstigen Quellen zurückzuverfolgen – den Werkprozess der Rekonstruktion aus archäologischer und kunsthistorischer Sicht mit Angaben zur Rekonstruktionswahrscheinlichkeit eingeschlossen (Abb. 9).

Abb. 10 | GPS-Navigation und AV-Informationen per eGuide. Das System führt ortsunkundige Besucher mit der Genauigkeit von Fußgängernavigation (+/- 5 m) durch das Denkmal.

Nach der aufwändigen Entwicklung von Inhalten, Strukturen und Bedienoberflächen erzwang das durch die Örtlichkeit konditionierte Besucherverhalten verbesserte Orientierungshilfen und eine neue Strategie zur örtlichen Bereitstellung der Informationen. Nach zwölfmonatiger Entwicklungszeit und einer halbjährigen Testphase unter Realbedingungen konnte 2007 das System eGuide in Betrieb genommen werden. Es handelt sich um ein rechnergestütztes mobiles Informationssystem mit hochpräziser GPS-Navigation für Fußgänger (Ungenauigkeit < 5m), das Plan- und Kartenmaterial, ein Bildarchiv sowie Hörtexte beinhaltet (Abb. 10). Die Menüfunktionen lassen dem Anwender die Auswahl zwischen der automatischen Wiedergabe der Informationen mittels Standortlokalisation oder der freien Informationswahl. Heute steht mit dem eGuide ein innovatives und erfolgreich eingeführtes Informationssystem zur Verfügung, das Standardprobleme wie Orientierungslosigkeit und die fehlende räumliche Verortbarkeit der historischen Topographie im Vermittlungsprozess von Bau- und Bodendenkmälern lösen hilft (Grewe/Schulze-Böhm 2007). Aus geschichtsdidaktischer Sicht ist die Zukunftsfähigkeit derartiger Systeme eine hinsichtlich des Wertschöpfungspotentials kaum zu überschätzende Chance: Geschichtsinhalte statt virtuelle Welten können an immer mehr und immer jüngere Interessengruppen vermittelt werden. Eine große Chance für die historischen Wissenschaften und insbesondere die Archäologie.

## DIDAKTISCHES PROGRAMM IN DER DENKMALZONE

Die Übersicht über bauliche und didaktische Maßnahmen zur Konservierung und denkmaltouristischen Erschließung der Kaiserpfalz Ingelheim förderte bereits die konzeptionellen Grundlinien zu Tage.

Erstens stellte die auf Vollständigkeit zielende Auswertung der interdisziplinären wissenschaftlichen Untersuchungen die geeignete Grundlage für ein didaktisches Konzept dar. Dieses ist im Grundsatz um Begriffsklärung und sachliche Erläuterung auf allen Ebenen angelegt, zielt aber mit einer im Grenzbereich seriöser Lernpsychologie liegenden Radikalität auf Reduktionen sowohl in räumlicher als auch in chronologischer Hinsicht: Drei Bauperioden repräsentieren darin über 500 Jahre mittelalterliche Bau- und Ereignisgeschichte, drei Denkmalbereiche eine Großarchitektur, deren Form, Größe und differenzierte Binnengliederung exzeptionell in der vor-neuzeitlichen Herrschaftsarchitektur sind.

Zweitens bindet ein „Historischer Rundweg" alle unmittelbar und mittelbar sichtbaren Zeugnisse der mittelalterlichen Pfalzarchitektur und ihre ortsbildprägenden Nachfolgebauten zusammen (Abb. 1). Er umschließt die gesamte Denkmalzone, weitet die Fokussierung auf drei Orte und drei Perioden zu Gunsten einer differenzierteren Gesamtdarstellung auf und ist darüber hinaus in der Lage, teils komplizierte funktionale und topographische Zusammenhänge zu erklären. Aus dem 18 Stationen umfassenden Wegekonzept, das in der ersten Entwicklungsstufe die örtliche Beschilderung und ein Begleitheft umfasste, wurde in einer zweiten Stufe das mobile rechnergestützte GPS-System eGuide entwickelt, das eine neue Dimension von Informations- und Funktionsumfang im Gelände bereitstellt.

## MUSEALE DIDAKTIK

Drittens wird die Konzeption der Denkmalerschließung und -präsentation inhaltlich und didaktisch im Besucherzentrum und Museum bei der Kaiserpfalz fortgeführt (Abb. 11). Dessen Lage am südwestlichen Rand des Saalgebiets prädestiniert den Museumsbau für seine Funktionalisierung im Kontext der Pfalz, auch wenn dessen verschlungene Entstehungsgeschichte zunächst in eine andere, mehr lokalhistorische Richtung gewiesen hat. Das Freilegen zusätzlicher Zeitschichten in der Denkmalzone und die damit einhergehende Komplizierung der „Ortsstratigraphie" sorgten bald für den Wunsch nach einem Besucherzentrum als zentraler Informationseinrichtung. Vor allem konnte durch die räumliche Zentralisierung der Information einer Überfrachtung des Denkmals mit Informationsmitteln wirksam begegnet werden.

Als zentrales Element dieser Informationsstrategie dient die Interaktive Terminalpräsentation (ITP), die an drei Nutzerplätzen sowie bei Bedarf einer Leinwandprojektion eine freie Navigation in einem Kaiserpfalz-Server gestattet. Die graphisch animierte Oberfläche wird per Trackball gesteuert und ist ohne Vorkenntnisse interaktiv bedienbar. Die ITP beinhaltet eine Chronologie nach archäologischen Quellen und Schriftquellen, einen Rundweg durch das Denkmal, digitale Architekturrekonstruktionen, einen Einführungsfilm und die filmische Erläuterung von Ausstellungsexponaten, z. B. der singulären Goldmünze Karls des Großen sowie Vertiefungskapitel z. B. zum Thema Architekturgeschichte.

Der Museumsraum beherbergt jetzt archäologische Fundstücke, denen in chronologischer Hinsicht eine Schlüsselstellung zukommt oder die zur Rekonstruktion von historischen Lebenswelten notwendige Informationsträger sind. In der Sicht des Archäologen ist der Museumsraum aber auch Tresor und Klimakammer für zum Beispiel Münzen oder Tracht- und Schmuckbestandteile und vor allem für das Baumaterial: Stuckfragmente, bemalter Wandputz und Fußbodenplatten in *Opus-sectile*-Art (geometrisch zusammengefügte Schmuckplatten) können aus restauratorischen und sicherheitstechnischen Gründen nur in der Vitrine präsentiert werden. An dieser Stelle schließt sich aber die Ausstellung der mobilen Fragmente des Denkmals im Museumsraum „drinnen" mit der Präsentation der monumentalen Architekturreste „draußen" im Freigelände zu einer Einheit zusammen. So wird aus dem Fund oder Befund laufender Ausgrabungen in kurzer Zeit ein Exponat und damit ein nachhaltiger Vermittlungserfolg.

## PROZESSVERSCHRÄNKUNGEN

Erforschen, Bewahren und Erschließen – der harmonische Dreiklang von Maßnahmen auf dem Gebiet der Archäologie und der Bau- und Bodendenkmalpflege gründet nicht zum Wenigsten auf dem Gleichgewicht der zu Grunde liegenden Interessen und wird durch die Simultaneität der Planungsprozesse maßgeblich gefördert. Zum Beispiel ist die Grabungsdokumentation eine geeignete Grundlage für Schadenskartierungen und steingerechte Pläne zur Mauerwerkssanierung. Dieses konservatorische Konzept wiederum kann in Hinsicht auf Art, Umfang und Aufwendungen am besten dann entwickelt und kalkuliert werden, wenn die Präsentationsbereiche, die Erschließungswege und -bauwerke zeitgleich geplant werden oder bereits bekannt sind. So wird der Erfolg denkmalpflegerischer Maßnahmen im Bereich von Bodendenkmälern durch organisatorische und personelle Kontinuität sowie durch zeitliche Verzahnungen von Grabung, Konzepterstellung, Konservierung und baulicher Herstellung nachdrücklich befördert (vgl. Beitrag Katharina Peisker in diesem Band). Die bisweilen vorgetragene Forderung nach einer vor Grabungsbeginn einsetzenden Planung des künftigen Präsentations-

Abb. 11 | Ausstellungsraum Kaiserpfalz des Besucherzentrums und Museums bei der Kaiserpfalz

konzeptes bleibt hingegen in ihrer Bedeutung nicht nur auf das theoretische Ideal beschränkt, sondern sie steht in Widerspruch zur archäologische Methode: Die Bodenöffnung erfolgt ja gerade in Unkenntnis über den Befund, ansonsten wäre sie unbillig. Selbst die geophysikalische Prospektion fördert entgegen verbreiteter Annahmen vor Grabungsbeginn selten mehr Kenntnisse über das Denkmal zu Tage als zur Feststellung seiner Lage, der Flächengröße und des grabungstechnischen Vorgehens im Fall seiner Untersuchung erforderlich sind.

## STÄDTEBAULICHE SANIERUNG

Der Zugewinn von Erkenntnis, der Grad der denkmaltouristischen Erschließung und insbesondere die Erfolge bei der Ortsbildpflege wären jedoch um einen bedeutenden Teil geringer, wenn nicht Ende 2001 das städtebauliche Steuerungsinstrument der Stadtsanierung hinzugetreten wäre. Eine Voruntersuchung wurde mit dem Ziel durchgeführt, den Nachweis des Sanierungsbedarfs zu führen, städtebaulich sinnvolle Ziele zu formulieren und die Grenzen des Sanierungsgebiets gut be-

Forschen – Sichern – Erschließen | 123

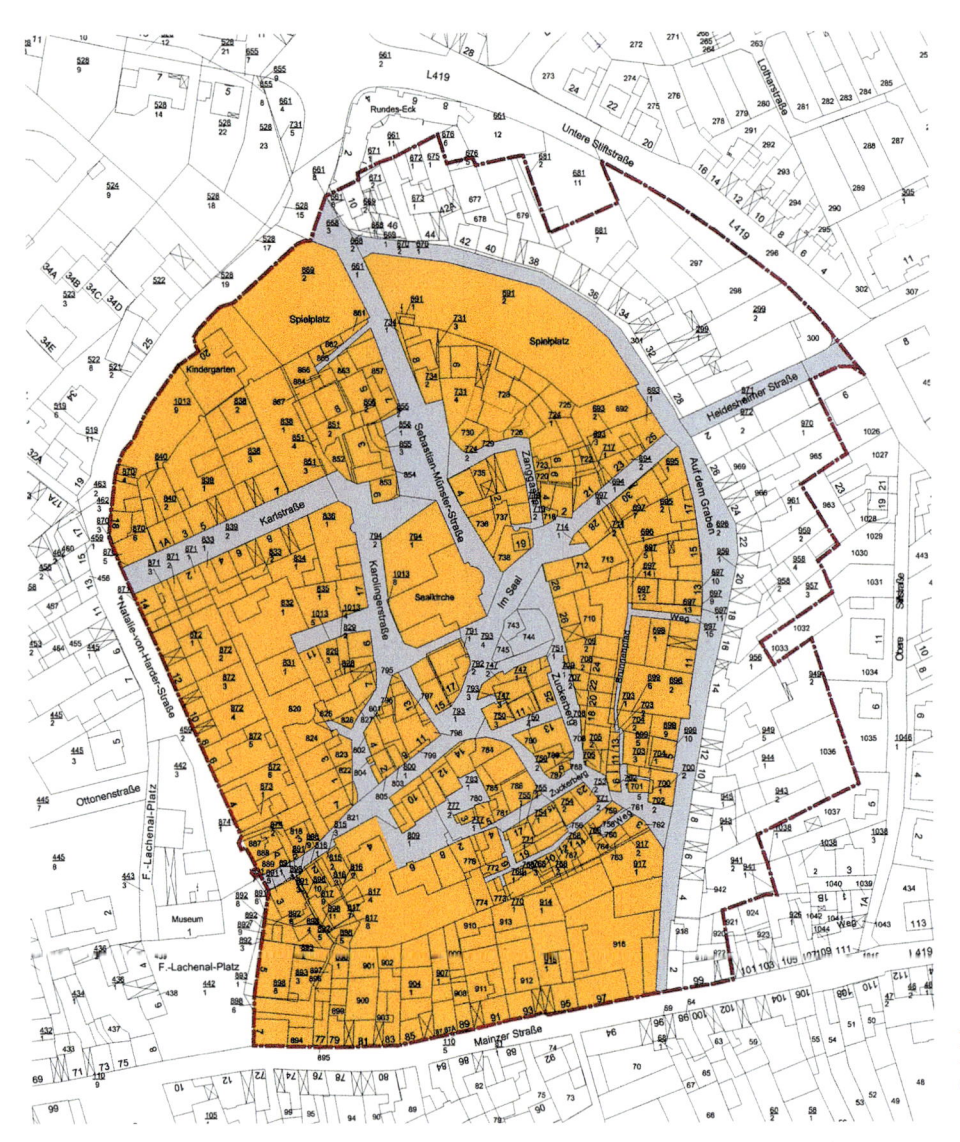

Abb. 12 | Saalgebiet Ingelheim. Denkmalzone (gelb) und Grenze des Sanierungsgebiets (rote Linie)

gründet festzulegen (Voruntersuchung durch die Projektgruppe Interdisziplinäre Regional- und Siedlungsforschung am Geographischen Institut der Universität Mainz, unveröffentlicht). Heute erstreckt sich dieses Gebiet über die gesamte Denkmalzone und darüber hinaus auf die Straße Auf dem Graben, die sich seit dem späten 19. Jahrhundert ringförmig um die Ost- und Nordflanke des Gebietes legt (Festlegung des Sanierungsgebiets durch Satzungsbeschluss vom 22.11.2001) (Abb. 12, 13). Zum Zeitpunkt der Manuskriptabfassung läuft die Stadtsanierung im dreizehnten Jahr, zwei bis drei weitere Jahre werden voraussichtlich zur Erreichung der wichtigsten Sanierungsziele benötigt werden:
1. Modernisierung privater und öffentlicher Gebäude;
2. Stärkung der gastronomischen und der tradierten betrieblichen Infrastruktur;
3. Reduzierung des Durchgangsverkehrs;
4. Verdeutlichung der Kaiserpfalz im Ortsbild.

Die Anwendung des vereinfachten Verfahrens in der Beitragsbemessung, das frühe Vorliegen einer fachlich detailliert abgestimmten Gestaltungsrichtlinie ohne Satzung, die hohe Grundmotivation der Anwohner und schließlich die einstimmige Meinungsbildung im Stadtrat haben wesentlich Anteil an einer hohen Umsetzungsquote besonders im Gebietskern.

## SANIERUNGSBEDINGTE BODENEINGRIFFE

Die bodendenkmalpflegerischen Implikationen der Stadtsanierung haben gewichtige Auswirkungen für die Arbeit der Forschungsstelle Kaiserpfalz sowohl hinsichtlich der Erweiterungen im Aufgabenspektrum als auch in der Fallzahl. Von der Ortsbildanalyse, den Maßnahmen für Straßensanierung und Freiflächengestaltung bis zur fachlichen Beratung jeder einzelnen Baumaßnahme reicht die Beaufschlagung, aber eben auch die Möglichkeit zur Einflussnahme für die vor Ort tätigen Archäologen.

Vor allem anderen stehen jedoch die sanierungsbedingten Bodeneingriffe, die baubegleitende oder zeitlich vorausgehende Grabungen erforderlich machen. Ihre Zielsetzung ist es nicht, Teile des Bodendenkmals vor ihrer Zerstörung zu dokumentieren (= Rettungsgrabung), sondern zu sichten, zu messen und zu bewerten unter der Maßgabe, entweder im frühen Planungsstadium oder spätestens im Bauablauf mittels Planänderung ihren Verlust zu unterbinden. Zum Beispiel konnte ein bis 2 m über Fundament erhaltener Mauerverband des karolingischen Nordflügels in der Sebastian-Münster-Straße durch die Präsenz an der Baugrube und die Verfügbarkeit der Geldmittel zur spontanen Umverlegung von Kanal- und Versorgungsleitungen unbeschadet erhalten werden.

Dass die Rahmenbedingungen der archäologischen Forschung im dicht bebauten Saalgebiet heute im Vergleich zum 20. Jahrhundert unter umgekehrten Vorzeichen stehen, machen Tagebucheinträge von Christian Rauch deutlich, der die aus seiner Sicht übertriebenen Kompensationsforderungen von Grundstückseigentümern für den Fall von Grabungen bemängelt und noch mehr die Notiz von Walter Sage im Jahr 1970, die das vorläufige Ende archäologischer Grabungen mangels Zugänglichkeit von aussichtsreichen Grabungsplätzen beschreibt!

## STÄDTEBAULICHER RAHMENPLAN UND ARCHÄOLOGIE

Dass die städtebauliche Sanierung nicht nur für die Beförderung des wissenschaftlichen Erkenntnisgewinns ein mächtiges Werkzeug sein würde, sondern auch die baulichen Maßnahmen im Kontext der denkmaltouristischen Konzeption positiv beeinflussen könnte, stand seit der fachlichen Anerkenntnis der Voruntersuchung durch die Landesdenkmalpflege und die Denkmalschutzbehörde zu erwarten (Trieb 1988, Krautzberger/Martin 2004). Die Zielformulierung, die Kaiserpfalz als älteste und dominanteste Struktur in der Entwicklung des Stadtquartiers Ingelheimer Saal besser ablesbar zu machen, führte unter anderem zu diesen, mittlerweile zu drei Vierteln umgesetzten Maßnahmen:
1. Veranschaulichung von Pfalzmauern und -fundamenten unter dem Stadtboden mittels Pflastermarkierungen;
2. Darstellung der baulichen Entwicklungsphasen mittels Variationen von Material und Farbe der Straßenbeläge;
3. Unterscheidung mittelalterlicher Bauteste über Tage von neuzeitlichen und modernen Mauerwerken durch Steinsichtung beziehungsweise Verputz;
4. Erschließung archäologischer Denkmäler zum Zweck der Gestaltung des öffentlichen Raums.

Als das zentrale Ergebnis dieser Maßnahmen darf gelten, dass Erkennen, Erleben, Fragen und Verstehen weder an Vorwissen noch

Abb. 13 | Saalgebiet Ingelheim. Auszug aus der vorbereitenden Untersuchung zur Feststellung des Sanierungsbedarfs. Kartierung städtebaulicher Mängel zum Stand 1997

an die Einwilligung in die Regeln didaktischer Informationssysteme gebunden ist, sondern unmittelbar mit den Sinnen erfolgen kann. Material und Farbe, Oberflächenhaptik und Kontext „erklären" den Ort und seine Baugeschichte: Der Gang durch die Straßen wird zum Lesen einer Karte im Maßstab 1 : 1 mit einer gebauten statt einer gedruckten Legende (Abb. 14). In Bild und Schrift wird diese Kodierung seit 2010 im Gebietsmittelpunkt außen an der Chorapsis der Saalkirche an einen programmatisch mit dem Titel Spurensuche überschriebenen Informationspunkt erläutert.

## ERHALTUNG UND MODERNISIERUNG ORTSTYPISCHER WOHNBEBAUUNG

Es ist bemerkenswert, dass der ursprünglichen Funktion der Pfalz Ingelheim als königlicher Aufenthaltsort das Merkmal

Abb. 14 | Pflastermarkierungen dienen der Orientierung im Saalgebiet ähnlich einem Lageplan M 1 : 1

deten Pfalzanlage Bewohner der Umgebung in den Saalbezirk; 1402 wurden ihre Rechte von König Ruprecht II. erstmals bestätigt; um 1550 ist der Saalbezirk nach bildlichen Darstellungen bereits dicht überbaut; bis zum Pfälzischen Erbfolgekrieg wurde die Befestigung ertüchtigt und modernisiert; um 1900 erfolgten die ringförmige Erweiterung und die Nachverdichtung der Kernbebauung primär zu Wohnzwecken.

Wie es das Grobraster unseres Ablaufschemas zeigt, kommt der Nachnutzung der herrschaftlichen Repräsentationsarchitektur des Mittelalters als Wohnquartier mit den Kennzeichen einer kleinteiligen, an den Bedürfnissen der ursprünglich agrarisch wirtschaftenden Bevölkerung ausgerichteten Bauten bis über die Mitte des 20. Jahrhunderts hinaus die Schlüsselstellung bei der Bauüberlieferung zu. Weder Festungspläne noch Urbanisierungsprozesse haben das historische Archiv unter dem Boden des Saalgebietes ergriffen mit der Folge, dass die im späten 8. Jahrhundert grundgelegte Form und Struktur noch das heutige Ortsbild prägen.

Als einem konzeptionellen Grundpfeiler für das Saalgebiet stehen die Erhaltung des von der Wohnfunktion her geprägten Gebietscharakters und die Kontinuitätswahrung seiner Straßenfluchten und Gebäudeensembles obenan. Es ist folgerichtig, dass diesen Maßnahmen planerisch und finanziell eine hohe Bedeutung beigemessen wird, denn im Unterschied zu einer großen Zahl archäologischer Stätten am Rand oder abseits heutiger Gemeinden und Städte leben die Bewohner im Ingelheimer Saal nicht nur mit und vom, sondern im Denkmal selbst. Dies geschieht mit großer Akzeptanz, wie gezeigt, erstens durch Maßnahmen im öffentlichen Raum und zweitens durch öffentlich geförderte Modernisierungen an privatem Eigentum (vgl. den Beitrag von Herbert Weyell in diesem Band). Vielfach können

Wohnen nur in einem temporären und repräsentativen Sinne eignete, dass aber ausgerechnet die Parameter der baulichen Überlieferung von dieser Wohnfunktion bestimmt sind: Im letzten Viertel des 14. Jahrhunderts zogen die Gebäude und die Befestigung der inzwischen mitsamt ihrem Territorium verpfän-

Abb. 15 | Freigestellte Wehrmauer im Präsentationsbereich Aula regia in Nachbarschaft zu einer abgeschlossenen Sanierungsmaßnahme

mit dem einschlägigen Instrumentarium des städtebaulichen Rahmenplans in Verbindung mit der Förderkulisse und einer qualifizierten Beratung wesentliche Verbesserungen der Wohnverhältnisse erzielt werden. Hierzu zählen die Modernisierung von Gebäudesubstanz und -ausstattung, energetische Maßnahmen, Umbauten für barrierefreies oder altersgerechtes Wohnen, Fassadensanierung und andere Gebäudeaufwertungen (Fischer 2000). Auf Grund der historischen Entwicklung, die zu einer kleinparzellierten Gebietsstruktur und zu hoher Bebauungdichte geführt hat, kommen darüber hinaus häufig Maßnahmen zur Verbesserung der Grundstückserschließung, zur Regelung nachbarschaftlicher Belange und zur teils erstmaligen Ordnung des ruhenden Verkehrs zur Anwendung. Die Grenzen zur Sanierung im öffentlichen Raum mittels Freiflächenplan und Verkehrsleitkonzept sind dabei fließend.

## SCHLUSSBETRACHTUNG

Erforschen, Bewahren und Erschließen sind die ungefähr gleich gewichteten Leitgedanken der Planung für das Denkmal Kaiserpfalz und seine spätmittelalterliche bis moderne Überbauung im Saalgebiet von Ingelheim. Seit etwa vierzehn Jahren wird ein komplexes Arbeitsprogramm auf allen drei operativen Ebenen absolviert. Der Transformationsprozess des historischen Platzes führte in einer 1200-jährigen Entwicklung vom Palast über die Ruine zum Denkmal und schließlich zum Stadtquartier mit Wohn- und Lebensqualität (Tafel 9, S. 58).

Es ist gerade das Kontinuum der Entwicklung bis hin zur heutigen Nutzung, welches die Historie nicht als etwas abgeschlossen hinter uns Liegendes erscheinen lässt, sondern durch Aufweichung der Grenzen zwischen Vergangenheit und Gegenwart ein neues zukunftsfähiges Geschichtsbewusstsein hervorbringt, das von der Wahrnehmung von Historie als Teil der individuellen Lebenswirklichkeit und Alltagskultur geprägt ist (Abb. 15).

Eine solche, beinahe alle Teile eines archäologischen Denkmals erfassende Entwicklung fordert Archäologie und Denkmalpflege in besonderer Weise: Jeder bauliche Eingriff birgt die Gefahr von unabsehbaren Veränderungen und sogar von Substanzverlusten. Sie ist, soviel muss zugestanden werden, selbst beim Vorliegen qualitätsvoller behutsamer Konzepte und gewissenhafter wissenschaftlicher Vorarbeiten nie wirklich zu eliminieren. Gleichwohl sind die Erschließung, die Gestaltung sowie in Teilbereichen die Funktionalisierung des Denkmals eine besonders nachhaltige Form von Denkmalschutz. Denn das Vergessen ist nur für jene Denkmäler wie Schriftzeugnisse, Siegel und andere mobile Hinterlassenschaften bisweilen existenzrettend. Für Bodendenkmäler im Stadtgebiet gilt das Gegenteil: Für sie ist das Entschwinden aus dem öffentlichen Bewusstsein oft der erste Schritt zu ihrer Zerstörung. Die Untersuchung, Konservierung und Erschließung von Denkmälern und ihre Ingebrauchsetzung als erzählende Geschichtsquelle sind das beste Unterpfand, damit Vergangenheit eine Zukunft hat.

## LITERATUR

Fischer, Konrad: *Wirtschaftliches Instandsetzen durch erhaltungsorientierte Planungs- und Baumethoden*, in: Mainzer, Udo: Politik und Denkmalpflege in Deutschland. Jahrestagung der Vereinigung der Landesdenkmalpfleger in der Bundesrepublik Deutschland. Arbeitsheft der rheinischen Denkmalpflege 53, Bonn 2000.

Grewe, Holger/Schulze-Böhm, Britta: *eGuide – ein mobiles Informationssystem mit GPS-Navigation zur Präsentation von Denkmälern*, in: M. Mangold/P. Weibel/J. Woletz: Vom Betrachter zum Gestalter, Baden-Baden 20070, S. 143–146.

Grewe, Holger: *Palast – Ruine – Denkmal*, in: Müller, Martin/Otten, Thomas/Wulf-Rheidt, Ulrike (Hg.): Schutzbauten und Rekonstruktionen in der Archäologie (= Xantener Berichte 19), Mainz 2011, S. 305–328.

Ders., Besucherzentrum und Thronhalle unter freiem Himmel. Das Präsentationskonzept für die Pfalz Karls des Großen in Ingelheim am Rhein, in: Landesamt für die nicht-staatlichen Museen beim Bayerischen Landesamt für Denkmalpflege (Hg.), museum heute – Fakten, Tendenzen, Hilfen 44, 2013, S. 42–46.

Jacobi, Hans-Jörg/Rauch, Christian: *Ausgrabungen in der Königspfalz Ingelheim 1909–1914*. Monogr. RGZM 2, Mainz 1976.

Kirschbaum Juliane/Klein, Annegret: *Rekonstruktionen in der Denkmalpflege: Überlegungen – Definitionen – Erfahrungsberichte*. Schriftenreihe des Deutschen Nationalkomitees für Denkmalschutz 57, Bonn 1998.

Krautzberger, Michael/Martin, Dieter J.: *Handbuch Denkmalschutz und Denkmalpflege*, München 2004.

Schmidt, Hartwig: *Archäologische Denkmäler in Deutschland. Rekonstruiert und wieder aufgebaut*, Stuttgart 2000.

Schock-Werner, Barbara: *Burgenromantik und Burgenrestaurierung um 1900*. Veröffentlichungen der Deutschen Burgenvereinigung e. V. Reihe B, 7, Braubach 1999.

Trieb, Michael: *Erhaltung und Gestaltung des Ortsbildes. Denkmalpflege, Ortsbildplanung und Baurecht*, Stuttgart 1988.

Bau des archäologischen Präsentationsbereichs Heidesheimer Tor 2007

Katharina Peisker

# PLANEN UND BAUEN
## Der Denkmalbereich am Heidesheimer Tor

Seit dem Jahr 2000 betreibt die Stadt Ingelheim am Rhein die Umsetzung eines Denkmalpflegekonzeptes für die Kaiserpfalz im Saalgebiet. Die Maßnahmen zielen auf die Verbesserung von Schutz und Präsentation des Denkmals. Zu diesem Zweck werden Denkmäler durch Hausabrisse freigelegt, es entstehen neue Sichtachsen und Einblicke in den historischen Stadtboden. In den Jahren 2001, 2007 und 2014 wurden aufwändige archäologische Präsentationsbereiche für die Öffentlichkeit freigegeben. Am Beispiel der Erschließung des Denkmalbereiches am Heidesheimer Tor beleuchtet der folgende Praxisbericht zum einen die konkrete bauliche Umsetzung der konzeptuellen Leitlinien (vgl. Grewe 2011, S. 311), zum anderen das Spannungsfeld aus wissenschaftlichen, denkmalpflegerischen, architektonischen, didaktischen, privaten und öffentlichen Interessen, die es dabei aus Sicht der Architektin zusammenzubringen gilt. Welche Entwurfsideen, Möglichkeiten und Schwierigkeiten ergeben sich aus den aufgestellten Leitlinien? Wie verändert sich der Entwurf im Verlauf des Planungsprozesses und warum? In welchen Fällen und aus welchen Gründen werden Ausnahmen zu diesen Regeln formuliert? Wie können historische und neue Bausubstanz in eine stimmige Einheit gebracht werden? Welche Akteure gibt es, welche Arbeits- und Organisationsformen bewähren sich?

### DIE GRUNDVORAUSSETZUNGEN (1996–2002)

Grundvoraussetzungen für jegliche Planungen waren die städtischen Beschlüsse zur Durchführung einer städtebaulichen Sanierungsmaßnahme im Bereich der ehemaligen Pfalz, dem Saalgebiet, 1996 (siehe Beitrag Herbert Weyell in diesem Band) und zum Konzept zur touristischen Erschließung der Kaiserpfalz Ingelheim 1998 (siehe Beitrag Holger Grewe in diesem Band). In den darauffolgenden Jahren wurden die mittelalterlichen Baureste am Heidesheimer Tor Schritt für Schritt unter bzw. aus der kleinteiligen Dorfbebauung herausgearbeitet. Durch gezielte Grundstücksankäufe der Stadt Ingelheim am Rhein konnten an zentraler Stelle der monumentalen

Abb. 1 | Der Denkmalbereich am Heidesheimer Tor: Hausabrisse, Grabungsflächen und Baugrundstück

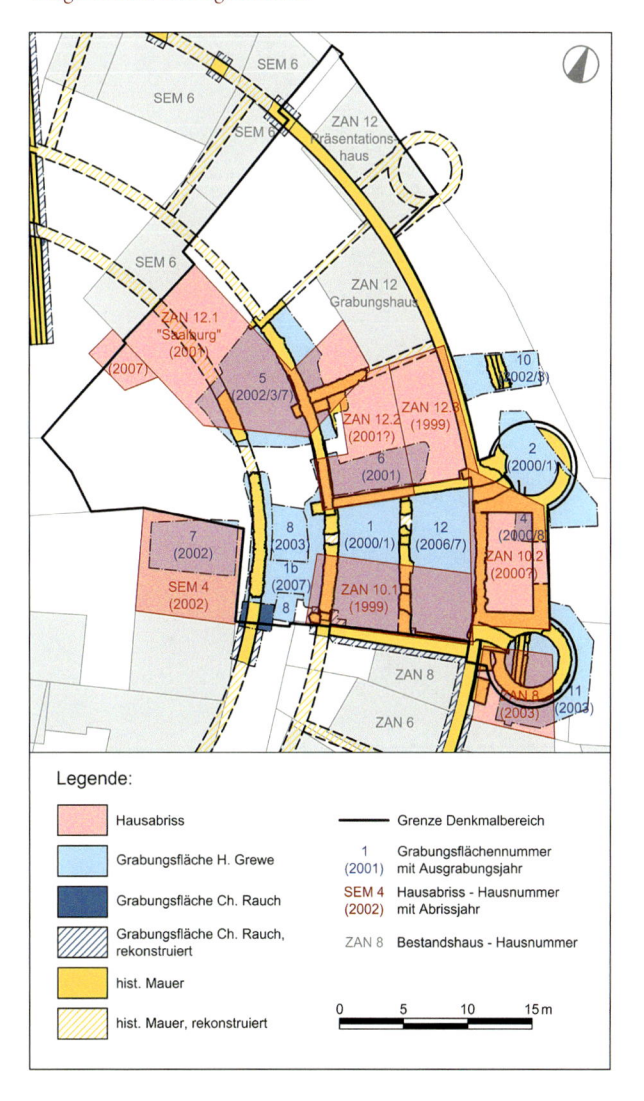

Abb. 2a–c | Das Heidesheimer Tor in verschiedenen Bauzuständen: vor (1999) und während (2001) der Hausabrisse und nach der Fertigstellung, während der Grabungen von Ch. Rauch (1909–1914), siehe Tafel 5, S. 56

Halbkreisarchitektur – nämlich an ihrem Scheitelpunkt – mehrere Wohnhäuser abgerissen werden; hierbei spielte das Vorkaufsrecht der Gemeinde in förmlich festgelegten Sanierungsgebieten eine entscheidende Rolle (§ 24 Abs. 1 Nr. 3 Baugesetzbuch). So konnten bisher archäologisch nicht untersuchte Flächen für Forschungsgrabungen freigegeben werden. Zudem wurden die Halbkreisbauaußenmauer sowie das Heidesheimer Tor mit seiner staufischen Wehrarchitektur nun auch von innen eindrucksvoll sichtbar. Bis 2002 entstand so bei gleichzeitiger Umwidmung von öffentlichem Straßenraum das für die Denkmalerschließung zur Verfügung stehende Baugrundstück in seiner heutigen Ausdehnung (Abb. 1 und 2 sowie Tafel 5, S. 56).

## DER VORENTWURF (2002)

Schon während der laufenden Ausgrabungen setzten die ersten konzeptuellen Überlegungen zur Erschließung des Denkmalbereiches ein, die 2002 in einen Vorentwurf mündeten. Der Entwurf nahm die Halbkreisform der frühmittelalterlichen Exedra, die das Ortsbild bis heute prägt, als zentralen Ausgangspunkt für die gesamte Gestaltung (Abb. 3a+b). Er reagiert damit auf die besondere Herausforderung des Denkmalbereiches am Heidesheimer Tor, der im Gegensatz zu den zuvor realisierten Präsentationsbereichen Aula regia und Saalkirche nicht das vollständige Volumen, sondern lediglich einen Ausschnitt eines ehemaligen Palastgebäudes darstellt.

Der Entwurf sah als bestimmendes Element der Außenanlagen ein „archäologisches Fenster" vor, das den Besucher vom heutigen auf historisches Laufniveau hinabführen und die Mauerreste des ehemaligen Palastes präsentieren soll. Die dazu erforderlichen Winkelstützwände und Treppen sollten zur Verdeutlichung der Halbkreisarchitektur als Kreissegmente oder Radialstrahlen ausgebildet werden, genauso wie die Sitzstufen, Geländer, das Haupttor und die Rampe zum Grünbereich Auf dem Graben, die auf den Kreismittelpunkt zielt. Alle diese neuen Bauelemente sollten in kontrastierenden, modernen Materialien – Beton und Metall – erstellt, die historischen Mauerwerksverläufe auf heutigem Niveau im Pflaster markiert werden.

Einen Überblick über die Befunde im „archäologischen Fenster" sowie ihre Fortsetzung in der heutigen Bebauung sollte sich der Besucher aus erhöhter Warte von der Decke des Gewölbekellers (er gehört zu dem neuzeitlich in das Heidesheimer Tor eingebauten Haus) und vom staufischen Wehrgang am Heidesheimer Tor aus verschaffen können. Dorthin gelangte er über eine einläufige Treppe in der Mittelachse und eine Spindeltreppe in der südlichen Innenecke des Tores. Der Gewölbekeller sollte erhalten bleiben und den Wasserkanal zwischen nördlichem und südlichem Vorlageturm zeigen. Eine barrierefreie Erschließung des „archäologischen Fensters" – etwa in Form einer weiteren Rampe – war aus Platzgründen nicht realisierbar; die Planung ermöglichte jedoch Einblicke von oben in das „archäologische Fenster" von unterschiedlichen Standpunkten aus.

Auf dem Gelände sollten zwei Wohnhäuser mit neuen Nutzungen in den Denkmalbereich integriert werden: Eines sollte Büros für die Forschungsstelle und das Sanierungsbüro für die geplante Sanierung des Saalgebietes aufnehmen („Grabungshaus"), das andere sollte die Präsentation der staufischen Bauperiode übernehmen („Präsentationshaus"). Während beim denkmalgeschützten Grabungshaus die bestehende Raumaufteilung beibehalten werden sollte, sollte das Präsentationshaus komplett entkernt und zu einem großen zweigeschossigen Raum mit Galerieebene umgebaut werden. Ausschlaggebend für die Nutzungsaufteilung und den grundsätzlich unterschiedlichen Umgang mit der Bausubstanz war das Alter der Häuser: Das Präsentationshaus entstand zwischen 1893 und 1907, das Grabungshaus vor 1812. In beiden Gebäuden wurde die Palastaußenmauer gestalterisch hervorgehoben: Sie sollte als Sichtmauerwerk saniert werden, während die anderen Wände einen Putz erhalten sollten.

Dieser Vorentwurf wurde im Frühjahr 2002 im Bau- und Planungsausschuss beschlossen und bildete die Grundlage für die dann einsetzende Planungs- und Bauphase (Abb. 4).

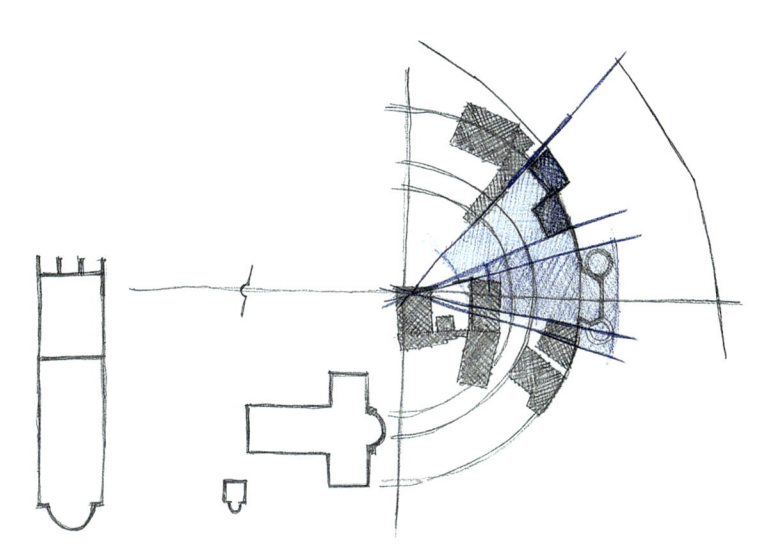

Abb. 3a+b | „Der Rundbaugeometrie folgen ...", das „Tortenstückgefühl". Konzeptskizze 2002 und bauliche Umsetzung 2007

# DIE PLANUNGS- UND BAUPHASE (2002–2007): VERÄNDERUNG, WEITERENTWICKLUNG UND DENKMALPFLEGERISCHE DISKUSSION

In den folgenden Jahren erfuhr dieser Vorentwurf durch neue Forschungsergebnisse, kontroverse denkmalpflegerische Diskussionen, zusätzliche Nutzungsvorschläge, effektvolle Ausführungsdetails sowie versicherungs- und bautechnische Umsetzungsschwierigkeiten eine Reihe von Veränderungen. Dieser Entwicklungsprozess bis hin zur endgültigen baulichen Umsetzung soll nun beispielhaft anhand einiger Entwurfsbausteine beleuchtet werden.

## Wehrgang bzw. Laufgang am Heidesheimer Tor (2004–2006)

Das Wiederbegehbarmachen des staufischen Wehrganges am Heidesheimer Tor – wie an der Wehrmauer südlich der Aula regia bereits realisiert – musste nach statischer Prüfung des

Mauerwerkes aufgegeben werden: Es hätte in Folge der Dauerbelastung durch Besucher eine Unterstützung in Form von Diagonalstreben nach unten benötigt, die aus gestalterischen Gründen abgelehnt wurde. Alternativ sollte dann ein Laufgang aus Metall in Höhe des durch Balkenlöcher und Schießscharten angezeigten Zwischengeschosses realisiert werden. Klare Vorgabe der Bau- und Kunstdenkmalpflege für diesen Laufgang war eine materialreduzierte Geländerform analog zur Aula regia, um den Blick auf diesen zentralen Punkt des Denkmals so wenig wie möglich zu beeinträchtigen. Aus diesem Grund wurde auch die Spindeltreppe aus der Südecke des Heidesheimer Tores nach Norden in Richtung Grabungshaus verschoben und die Idee eines Rundweges mit einer zweiten Spindeltreppe verworfen (Abb. 5).

Zentraler Diskussionspunkt mit der Denkmalpflege war die Art der Befestigung des Laufgangs. Statisch vordimensioniert wurde die Lastabtragung in zwei Varianten: zum einen mittels eigenständig gegründeter Stützen, zum anderen mittels Kragarmen (Träger), die in das Mauerwerk eingelassen werden. Während die Stützenlösung in sehr viel geringerem Maße in das historische Mauerwerk eingreift, sorgt die Kragarmlösung für einen maximal ungestörten Blick auf das Denkmal. Die Entscheidung der Denkmalpflege fiel zu Gunsten der Stützenlösung. Während im fortlaufenden Planungsprozess die Zahl der Stützen auf zwei reduziert werden konnte, scheiterte dieses Teilprojekt letztendlich an ganz anderer Stelle: Trotz anfänglich positiver Signale konnte mit dem städtischen Haftpflichtversicherer keine Einigung über die von der Landesbauordnung abweichende reduzierte Geländerform in ca. 6 m Höhe über dem „archäologischen Fenster" erzielt werden.

## Mauerwerkssanierung (2004–2007)

Das Gesamtbauwerk wurde zu Beginn einer statischen Überprüfung unterzogen, aus der dann ein Maßnahmenkatalog entwickelt wurde: Originalmörtel in gutem Zustand blieb unberührt, schadhafte Fugen wurden ausgeräumt und neuverfugt. In Risse und Hohlstellen im Inneren des Mauerwerksgefüges wurde Mörtel injiziert (= verpresst), mangelhafte kraftschlüssige Verbindungen wurden durch Gewindestäbe aus Edelstahl, die mittels Kernbohrung ins Mauerwerk eingelassen und mit Mörtel vergossen wurden (= Verpressanker), wiederhergestellt. Dies war z. B. am Wehrgang und am Gewölbe des südlichen Turmzugangs der Fall. Nach Entfernen der neuzeitlichen Kellerwände 2006 – in der Vorentwurfsphase war noch nicht klar,

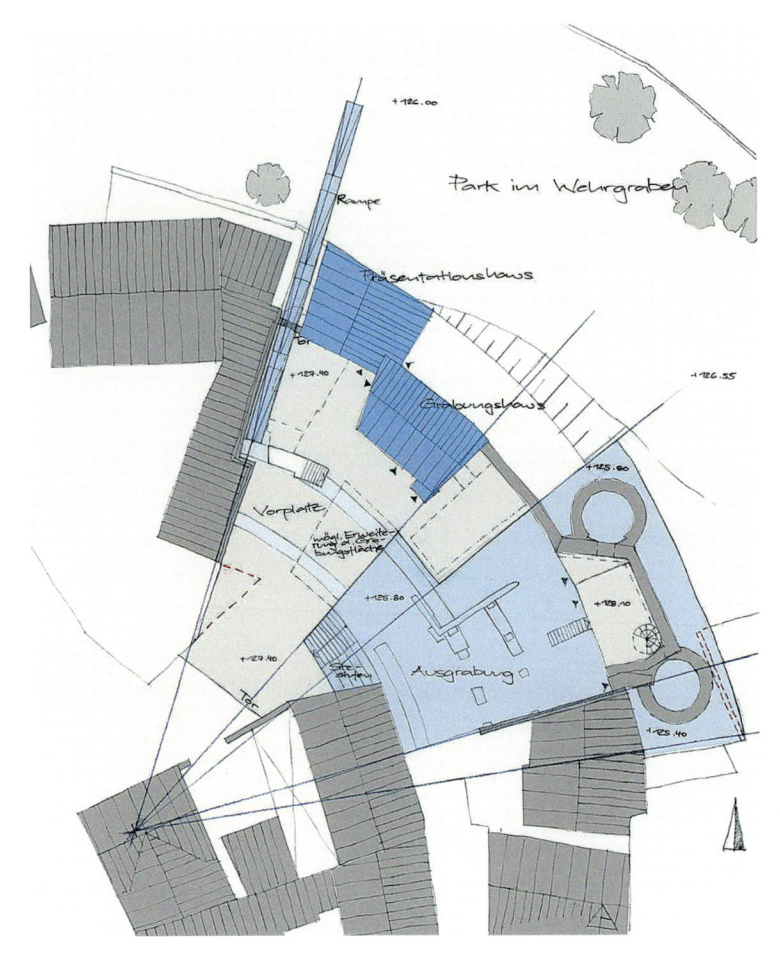

Abb. 4 | Vorentwurf 2002, Lageplan. Das „archäologische Fenster" ist hellblau hinterlegt. Der neuzeitlich eingebaute Gewölbekeller wird in die Denkmalpräsentation eingebunden: Von dort aus war der Aufstieg auf den Wehrgang geplant (Spindeltreppe).

ob dies aus statischen Gründen möglich sein würde – wurde die Fundamentunterkante der Ostwand des Heidesheimer Tores sichtbar, die einen halben Meter über Bauniveau und nur 70 cm unter dem Laufniveau im „archäologischen Fenster" der Pfeilerhalle lag. Zur Sicherung gegen Grundbruch während der Bauzeit wie auch zur frostfreien Gründung wurde sie mit Stampfbeton unterfangen. Teilrekonstruktionen in Originalbaumaterialien erfuhr der durch den Bau des Hinterhauses Zanggasse 8 teilzerstörte südliche Turmzugang: Der fehlende Sandsteinsturz wurde ersetzt und ist durch seine scharfen Kanten als moderne Zutat zu erkennen (Abb. 2c: Original am nördlichen Turmzugang [links] und Rekonstruktion am südlichen Turmzugang [rechts]). Das dahinter anschließende Gewölbe und die Südwand wurden in Bruchstein mit Abbruchkante wiederaufgebaut, so dass der Turmzugang wieder als solcher nutzbar wurde. Hier trennt – wie bei den sonstigen Kronensicherungen auch – das Bleiband den Neubau vom Bestand (zum Umgang mit dem Mauerwerk vgl. auch Beitrag Holger Grewe in diesem Band). Die Spuren des neuzeitlichen Hauseinbaus wurden am Heidesheimer Tor vollständig entfernt und mit Kalkbruchsteinen zugesetzt; sie sind heute nicht mehr sichtbar. Diese hätten jedoch nach Ansicht der Forschungsstelle einen inhaltlichen Zugewinn zur Denkmalpräsentation dargestellt. Ohne das Gesamterscheinungsbild und den gewünschten Fokus auf die Zeitstufe Mittelalter zu beeinträchtigen, hätten zum Beispiel die Vertikalfugen der ehemaligen Fenster- und Türöffnungen erhalten bleiben können (siehe hierzu u. a. „Charta von Venedig" [1964], Art. 11: „Die Beiträge aller Epochen zu einem Denkmal müssen respektiert werden: Stileinheit ist kein Restaurierungsziel.").

## Das archäologische Fenster (2002–2007)

Größe und Zuschnitt des „archäologischen Fensters" standen bereits zu einem frühen Zeitpunkt in der später ausgeführten Form fest. Entscheidende Entwicklungen gab es jedoch bezüglich der Höhe des historischen Laufniveaus, zu der die fortschreitenden Ausgrabungen mit immer neuen Befunden noch während der Planungsphase weitere Erkenntnisse brachten. Im Vorentwurf 2002 hatte man die im Säulengang festgestellte Fußbodenhöhe auf die sich räumlich anschließende Pfeilerhalle übertragen und an die 70 cm höher liegenden Schwellen der Turmzugänge durch Treppen innerhalb dieser Zugänge angeschlossen (Abb. 5). Der Abriss des neuzeitlichen Kellers im Heidesheimer Tor im Jahr 2006 brachte dann den baulichen Nachweis des bis dahin nur vermuteten, in der Mittelachse des Halbkreisbaus liegenden Tores, das in staufischer Zeit zugesetzt wurde: Die Torschwelle ist im Mauerwerk deutlich ablesbar. Sie liegt mit den Schwellen der Turmzugänge auf gleicher Höhe und markiert für die direkt hinter dem Tor liegende Pfeilerhalle

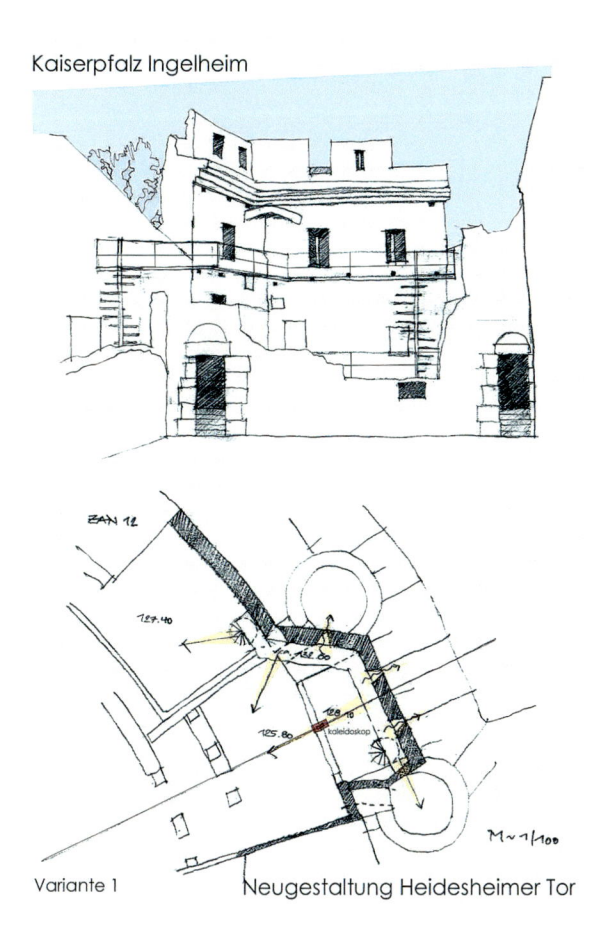

Abb. 5 | Laufgang am Heidesheimer Tor (nicht realisiert). Die Kragarmlösung in der Variante mit zwei Spindeltreppen, März 2004. Das Laufniveau in der Pfeilerhalle entspricht noch dem des Säulengangs. (Die gebaute Fußbodenhöhe liegt 70 cm höher, vgl. auch Abb. 2c.)

die Fußbodenhöhe. Somit stand fest, dass der festgestellte Höhenunterschied der Laufniveaus nicht im Bereich der Turmzugänge, sondern im Übergang vom Säulengang zur Pfeilerhalle überwunden werden musste.

Rekonstruiert und baulich umgesetzt wurde eine über die gesamte Breite der Pfeilerhalle verlaufende dreistufige Treppe im Verlauf der Exedrainnenmauer. Aufgebaut wurden außerdem die Spannmauern der Säulen und Pfeiler, auf die dann die Teilnachbauten der Säulen, Pfeiler und Pfeilervorlagen gesetzt wurden. Die Pfeiler wurden bis zu einer Höhe von 80 cm über Laufniveau dargestellt, die Säulen steigen kontinuierlich bis auf eine Höhe von 1,30 m an. Das Abweichen von der konzeptuellen Leitlinie, nicht zu rekonstruieren, liegt in der großen Aussagekraft dieser Bauteile für das Verständnis der gesamten Architekturform begründet (Grewe 2011, S. 312). Die Spannmauern wie auch die Treppe wurden mit roten Tonplatten abgedeckt, die Säulen und Pfeiler in rot eingefärbtem Beton hergestellt. Die Farbgebung setzt im Gegensatz zu den Grautönen der Erschließungsbauwerke auf Harmonie mit dem Denkmal, die abstrahierten Formen und scharfen Kanten

Abb. 6 | Das archäologische Fenster im fertigen Zustand: Blick auf die Nachbauten des Säulengangs, der Treppe und der Pfeilerhalle

Abb. 7a–c | Das Trauzimmer im Grabungshaus: Zustände während der Bauarbeiten 2006 und nach Fertigstellung (September 2007)

kennzeichnen die Nachbauten dennoch deutlich als moderne Zutat (Abb. 6 und „Charta von Venedig" 1964, Art. 12).
Das „archäologische Fenster", das Herzstück des Denkmalbereiches, war der planungs-, zeit- und kostenintensivste Baubereich, dies allerdings auf Grund von Maßnahmen, die in ihrem Endergebnis kaum sichtbar sind: Das Absenken des Laufniveaus erforderte gleichzeitig das Absenken der darunter liegenden Kanaltrasse. Weil im Rahmen der Stadtsanierung die gesamte städtische Infrastruktur erneuert wurde, konnte bei der Erneuerung der Kanalisation Rücksicht auf die Planung des „archäologischen Fensters" genommen werden. Hierfür war eine frühzeitige Abstimmung der unterschiedlichen Planungsträger zielführend. Die Oberflächenentwässerung sowie anstehendes Wasser im Fundamentbereich verlangten zudem eine kontrollierte und denkmalunschädliche Wasserführung. Lösung war ein zusammen mit einem Fachplaner erarbeitetes Drainagesystem entlang aller historischen Mauern. Zudem musste die das „archäologische Fenster" im Süden begrenzende Giebelwand des Hauses Zanggasse 8 vor dem Herstellen des historischen Laufniveaus statisch gesichert werden: Sie wurde an die Geschossdecken angebunden und über vier ca. 7 m lange Erdanker unter dem nur teilunterkellerten Gebäude rückverankert. Die Ankerköpfe sind heute an der Giebelwand sichtbar.

## Grabungshaus (2003–2007)

Insbesondere der Umgang mit dem Grabungshaus macht das Spannungsfeld des Denkmalschutzes zwischen maximalem Erhalt historischer Bausubstanz und tragfähigen und identitätsstiftenden Nutzungskonzepten deutlich: Die im Vorentwurf vorgesehenen Nutzungen, die der Raumstruktur des Wohnhauses entsprachen, wurden im Frühjahr 2006 auf Wunsch des Bauherrn um ein Trauzimmer als Außenstelle des Standesamtes der Stadt Ingelheim ergänzt. Erste planerische Überlegungen dazu machten schnell klar, dass diese Nutzung sinnvoll nur auf der Grundfläche eines gesamten Geschosses untergebracht werden kann: Alle Innenwände im Erdgeschoss wurden entfernt, die tragende Wand durch einen Stahlrahmen ersetzt. Die Deckenbalken, von denen drei von vier durch neue ersetzt werden mussten, wurden mit Hilfe von Metallschwertern an den Rahmen angeschlossen (Abb. 7a–c).
Denkmalschutz stellt immer einen Kompromiss dar (siehe auch Grewe 2011, S. 327): Die Nutzung des Erdgeschosses als Trauzimmer hat auf der einen Seite zu Substanzverlust und zur teilweisen Aufhebung der typischen Innenraumstruktur des Hauses geführt. Auf der anderen Seite sorgt sie wie keine zweite Nutzung für die Verankerung des Denkmals im Bewusstsein nicht nur der Ingelheimer, sondern auch vieler Menschen in der Umge-

Abb. 8 | Herstellung von Pfeilernachbauten in voll reversiblem Verfahren

bung (die Anzahl der Trauungen in Ingelheim hat sich seit der Einrichtung des Trauzimmers am Heidesheimer Tor verdoppelt). Dies ist die entscheidende Voraussetzung für den Schutz des Denkmals auch in Zukunft.

## Präsentationshaus (2003–2007)

Die Entwicklung des Präsentationshauses besteht aus einer Reihe effektvoller Eingriffe und Ausführungsdetails, die das Hauptthema des Vorentwurfs, das Hervorheben der Halbkreisbaustruktur, konsequent weiterführen: Zwei vertikale Glasschlitze sorgen für eine optische Trennung von Palastaußenmauer und später angebautem Haus. Die Galerie zeichnet die Kontur der Palastaußenmauer durch eine Fuge und einen Wechsel im Bodenbelag nach, eingelassene Edelstahlschienen verstärken diesen Effekt. Die im Keller des Hauses gefundenen Reste des Originalfundamentes werden durch eine kleine Aussparung in der Bodenplatte von oben einsehbar.

Abb. 9 | Schwierige Zuwegung zur Baustelle, insbesondere im „archäologischen Fenster". Weil die historischen Mauern nicht überfahren werden durften, konnte dort nur mit kleinen Maschinen oder mit der Hand gearbeitet werden (31. August 2007).

Während das Grabungshaus selbst Denkmal ist und sich deswegen in möglichst historischem Erscheinungsbild präsentiert, kontrastieren am Präsentationshaus moderne Baumaterialien – Metall und Glas – mit der Kalkbruchsteinwand der ehemaligen Palastaußenmauer.

## DIE BESONDERHEITEN DER BAUMASSNAHME: SCHWIERIGKEITEN UND CHANCEN. EIN RESÜMEE

Eine Besonderheit der Baustelle war die Vielzahl der Akteure und daraus resultierend der extrem hohe Abstimmungsbedarf, dem sicherlich ein großer Teil der Bauzeit von vier Jahren geschuldet ist. Neben unterschiedlichen Planern waren auf der einen Seite mehrere Denkmalschutzbehörden, auf der anderen Seite verschiedene städtische Gremien und Ämter beteiligt. Zudem stand die zeitgleiche Stadtsanierung des Saalgebietes in unmittelbarer Wechselwirkung mit der Baumaßnahme am Heidesheimer Tor: zum einen in Form der Sanierung des gesamten Kanal- und Leitungsnetzes durch den örtlichen Energie- und Wasserversorger und den darauffolgenden Straßenausbau (2006–2012), zum anderen in Form privater Bauvorhaben in direkter Nachbarschaft zum Denkmalbereich, die nach gemeinsamen Lösungen verlangten. Hinzu kam ein weiteres städtisches Bauvorhaben in unmittelbarer Nähe: die Umgestaltung der Freifläche Auf dem Graben zu einem Spielplatz (2003).

Des Weiteren stellt eine Baustelle am Denkmal zusätzliche Anforderungen, die über das normale Bauen im Bestand hinausgehen, da sie im Schutz der Denkmalsubstanz begründet sind (Abb. 8, 9). Hierbei handelt es sich auf der einen Seite um Vorsichts- und Schutzmaßnahmen bei der Bauabwicklung (z. B. Baustopp bei Bodenfunden, kleine und erschütterungsarme Maschinen), auf der anderen Seite um planerische Maßnahmen, die aus Gründen der Reversibilität (=„Umkehrbarkeit"; in der Denkmalpflege die Anforderung, einen Eingriff auf den Zustand vor dem Eingriff rückführen zu können) aufwändig sind (z. B. kein Betonieren auf historischem Mauerwerk). Teile der Planungen mussten zudem während laufender Baustelle kurzfristig geändert werden, da die Erdarbeiten – trotz umfangreicher Ausgrabungen im Vorfeld – neue Mauerwerksbefunde brachten (z. B. Ändern der Kanaltrasse).

Das wertvolle und qualitätsentscheidende Merkmal der Baumaßnahme war jedoch die enge Zusammenarbeit zwischen Archäologie und Architektur. Die Planung nahm den archäologischen Befund zum Ausgangspunkt der Planungen und entwickelte sich eigenständig unter steter Achtung des Bestandes und in Rückkopplung mit der Archäologie. Dies konnte gelingen, da beide Fachdisziplinen gemeinsam unter einem Dach, der Forschungsstelle Kaiserpfalz, Teil der Stadtverwaltung Ingelheim, arbeiteten. Die Stadt Ingelheim war somit teilweise Bauherr und Planer in einem. Diese enge Zusammenarbeit vermittelte den Architekten auf der einen Seite profunde Kenntnisse des archäologischen Befundes und der untergegangenen Architektur, was zu einer denkmalsensiblen Planung und Bauleitung führte. Sie überzeugte auf der anderen Seite die Archäologen und Denkmalpfleger von einer konsequenten, modernen und kontrastreichen Gestaltung von der Idee bis zum Detail. Die sich oftmals eher skeptisch gegenüberstehenden Berufsgruppen haben eine interdisziplinäre Gesamtleistung erbracht. Bereits die „Charta von Athen" (1931) fordert eine enge Zusammenarbeit zwischen Architekt und Archäologe für die „in Zusammenhang mit der Ausgrabung und Erhaltung antiker Denkmäler durchgeführten technischen Arbeiten" (Punkt VI). Ein konstanter Dialog zwischen Archäologie und Architektur vom Konzept bis zur Ausführung legt bei einer Denkmalbaustelle den entscheidenden Grundstein für eine befundgerechte und gleichzeitig hochwertige Gestaltung.

## LITERATUR

Charta von Athen 1931 (Charta von Athen zur Restaurierung historischer Denkmäler)

Charta von Venedig 1964 (Internationale Charta über die Konservierung und Restaurierung von Denkmälern und Ensembles)

Grewe, Holger: *Palast – Ruine – Denkmal. Konzeptionelle Grundsätze für das Erforschen, Bewahren und Erschließen der Kaiserpfalz Ingelheim*, in: Martin Müller/Thomas Otten/Ulrike Wulf-Rheidt (Hg.): Schutzbauten und Rekonstruktionen in der Archäologie, Xantener Berichte, Bd. 19, Mainz 2011, S. 305–328.

Sanierung der Straßen im Saalgebiet 2005–2011

*Herbert Weyell*

# SANIEREN UND MODERNISIEREN
## Stadtsanierung im Ingelheimer Saalgebiet

Die Sanierungsarbeiten begannen 2001 und laufen seither parallel zur archäologisch-bauhistorischen (seit 1993) und zur Umsetzung eines Denkmalpflegekonzepts (seit 2000) „Im Saal" genannten ehemaligen Kaiserpfalzgebiet (Abb. 1). Das Saalgebiet war bereits 1992 vom Land Rheinland-Pfalz als Denkmalzone ausgewiesen worden. Auf der Basis der Vorbereitenden Untersuchungen (PIRS, 1998) wurde durch den Verfasser ein städtebaulicher Rahmenplan mit Stadtbildanalyse erstellt. Der Rahmenplan wurde 2003 vom Stadtrat beschlossen (Abb. 2). Er stellt die Grundlage für die Entwicklung des Verkehrs, der Nutzung und der Gestaltung dar. In der 2005 vom Stadtrat beschlossenen Gestaltungsrichtlinie werden die Besonderheiten des Ortsbildes und die regionalen und örtlichen Kennzeichen der Bauweise erklärt, und es werden Vorschläge für die private Hausmodernisierung dargestellt.

### GEBÄUDEMODERNISIERUNG – DIKTAT ODER MITBESTIMMUNG

Belange der Archäologie und der Denkmalpflege werden auf Grund des einzigartigen Ursprungs des Wohnquartiers Saalgebiet aus einer Pfalzanlage Karls des Großen besonders hoch gewichtet, sie schränken die Eigenbestimmung der Hauseigentümer in Gestaltungsfragen naturgemäß ein. Die möglichst intensive Beteiligung und Mitbestimmung durch die Bewohner waren jedoch von Anfang an ein großes Anliegen. Pläne und Gestaltungsrichtlinie wurden mit den Bewohnern bei Einwohnerversammlungen und in Einzelgesprächen diskutiert und gegebenenfalls angepasst. Um diese Mitwirkung nicht nur bei der Planung, sondern auch bei der vermutlich ca. 15 Jahre dauernden Umsetzung zu garantieren, wurde von der Stadt Ingelheim am Rhein 2003 ein Fachteam zur Sanierungsberatung gegründet, das seither regelmäßige öffentliche Sprechstunden anbietet. Mitten im Sanierungsgebiet wurde in einem städtischen Gebäude, das selbst ein Denkmal ist, ein Büro eingerichtet. Dies bringt den Bewohnern nicht nur kurze Wege, sondern reduziert auch die „Schwellenangst". In Gesprächen mit den Eigentümern wird verbal und anhand von Skizzen begründet, weshalb bestimmte bauliche Lösungen aus Sicht des Rahmenplans und der Gestaltungsrichtlinie sinnvoll sind. Gleichzeitig kann die spezielle Situation eines Bewohners erkannt und auf die Wünsche des Eigentümers eingegangen werden. Damit werden Lösungen gefunden, die dem Gemeinwohl dienen und mit denen sich gleichzeitig die Eigentümer identifizieren können. Die Gestaltungs-

Abb. 1 | Stadtgebiet „Im Saal", ehemaliges Kaiserpfalzgebiet

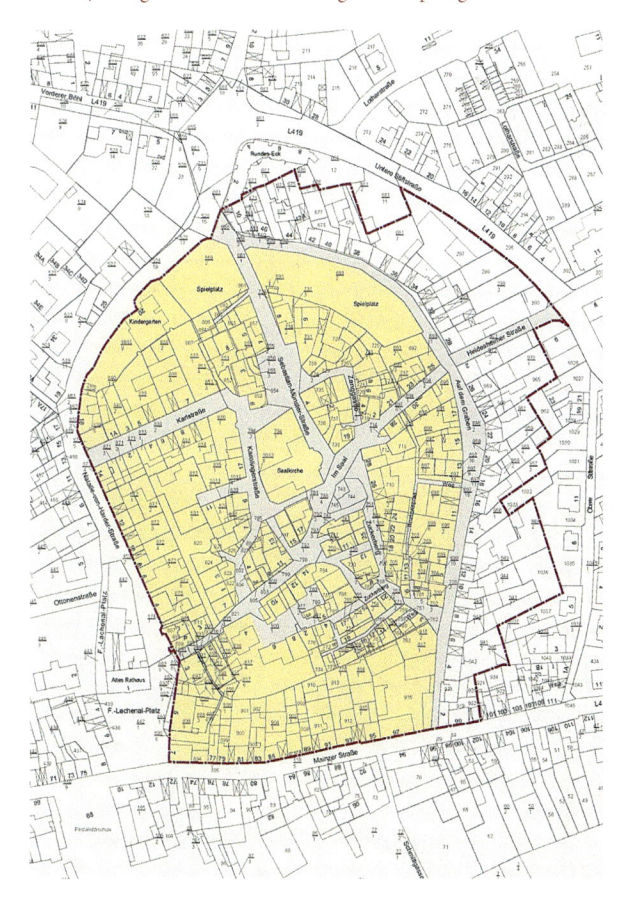

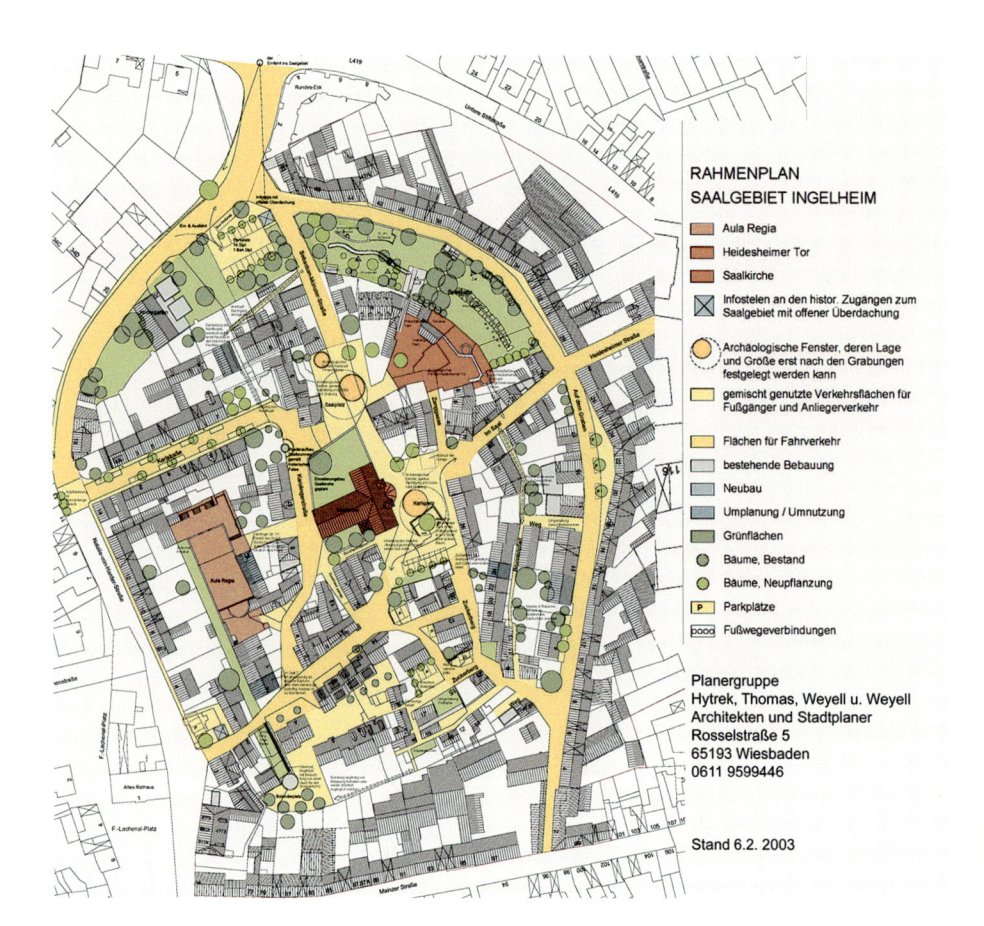

Abb. 2 | Städtebaulicher Rahmenplan der Sanierungsmaßnahmen im Saalgebiet, Stand 2003

richtlinie ist rechtlich nicht bindend. Die finanzielle Förderung im Rahmen der Stadtsanierung ist jedoch abhängig von der Einhaltung der Gestaltungsrichtlinie. Sinnvolle Baumaßnahmen werden mit Zuschüssen „belohnt", auf „Strafen" kann verzichtet werden. Je mehr private Baumaßnahmen realisiert waren, umso größer wurde das Bewusstsein für die Qualität der eigenen Gebäude und ihrer Umgebung. Die Mitwirkung des im Auftrag der Stadt beratenden Fachteams wird mittlerweile häufig aus eigenem Antrieb von den Eigentümern angefordert. Aus anfänglichem Misstrauen den Planern gegenüber wurde Stolz auf das eigene Haus und das gesamte Saalgebiet.

Der Planungsprozess einer Modernisierungsmaßnahme soll an dieser Stelle kurz geschildert werden. Zu Beginn informiert der Hauseigentümer formlos über die Absicht, bauliche Änderungen vorzunehmen. Im Informationsgespräch mit dem Sanierungsteam werden Pläne, Gestaltungsgrundsätze und die Möglichkeit einer finanziellen Förderung diskutiert. Darauf folgt eine Bestandsaufnahme vor Ort, anschließend reichen die Eigentümer ihre Pläne sowie einen Maßnahmenkatalog und die entsprechende Kostenschätzung eines Architekten oder Handwerkerangebote ein. In der Stellungnahme des Sanierungsplaners werden die geplanten Maßnahmen, die entsprechenden Ziele der Stadtsanierung und die Kostenschätzung bzw. die Angebote beurteilt. Diese Stellungnahme wird den Eigentümern in einem erneuten Gespräch dargestellt und gegebenenfalls angepasst. Die endgültige Stellungnahme wird zum Teil des Sanierungsvertrags, den die Stadt mit den Eigentümern abschließt. In diesem Vertrag werden u. a. die baulichen Maßnahmen, Fördersumme und der zeitliche Rahmen vereinbart. Während der Durchführung finden Zwischentermine statt, bei denen Details geklärt werden und die Farbgestaltung gemeinsam besprochen wird (Abb. 3). Nach Fertigstellung der Maßnahmen werden diese vom Sanierungsteam abgenommen, und nach Erarbeitung des Protokolls dieser Abnahme kann die letzte Förderrate ausgezahlt werden.

Abb. 3 | Herbert Weyell (Architekt, rechts) zusammen mit Andreas Kronauer bei der Farbauswahl eines Fassadenanstrichs

Abb. 4 | Ansicht des Heidesheimer Tores von Osten mit Informationstafeln, Laufstegen und einem Geländer, das den ehemals vorgelagerten Turm andeutet

## EINMALIGKEIT ODER ENTWICKLUNG

Die sizilianische Stadt Noto wurde im 17. Jahrhundert durch ein Erdbeben völlig zerstört. Die neue Stadt Noto wurde 6 km neben der zerstörten Stadt im barocken Stil der damaligen Zeit aufgebaut. Die Stadt ist heute ein Beispiel für eine einheitlich zu einer bestimmten Zeit in einem einzigen Baustil entstandene Stadt. Demgegenüber ist das Saalgebiet in Ingelheim von einem baulichen Wandel über 1200 Jahre hinweg geprägt. In Ingelheim liegen die Fundamente der Kaiserpfalz ungefähr unter der Hälfte des Sanierungsgebiets. Nur an wenigen Stellen sind noch oberirdische Teile der Kaiserpfalz erhalten. Weiterhin wurden Teile der karolingischen Anlagen zur Zeit der Ottonen (Saalkirche) und zur Zeit der Staufer (z. B. Heidesheimer Tor) überformt und sind selbst erhaltenswerte Baudenkmäler. Die übrige, meist einfache Bebauung entstand im Laufe der Zeit und stammt überwiegend aus dem 19. und 20. Jahrhundert. Alle heute vorhandenen historischen Mauern und Bauten dokumentieren die Entwicklung des Saalgebiets und verdeutlichen die Spuren, die seine Nutzer hinterlassen haben. Ein Wiederaufbau im Stil der Bebauungszeit und die Anpassung neuer Architektur an einen einzigen Baustil schied deshalb allein aus diesen Gründen aus. Die Stadt Ingelheim und die Landesdenkmalpflege entschieden sich stattdessen für eine speziell auf Ingelheim zugeschnittene Vorgehensweise: Die heute noch vorhandenen Teile aus der Erbauungszeit der Kaiserpfalz sowie der spätmittelalterlichen Zeit werden erhalten und geschützt (Abb. 4). Die jeweils erforderlichen Informations-, Toiletten- und Schutzanlagen usw. werden in einer modernen Formensprache errichtet (Abb. 5). Bei der Sanierung wird diese Entwicklung ausdrücklich gezeigt, historische Brüche zum Verständnis der Entwicklung werden bewusst erhalten und verdeutlicht. Neu errichtete Gebäude sind als solche erkennbar, um die Qualität der echten historischen Gebäude nicht zu verunklären.

Abb. 5 | Informationspunkt am Kaiserpfalzparkplatz mit Bildschirm, Informationsstelen und -tafeln

Abb. 6a+b | Umgang mit historischen Mauern in Wohngebäuden: Sanierung und Neuverfugung, Kennzeichnung moderner Hinzufügungen durch Putzauftrag, Verbesserung der Wohnverhältnisse durch geänderte Belichtungs- und Belüftungsmöglichkeiten. Zustand links vor der Sanierung 2010, rechts 2014

Die Gebäude fügen sich gestalterisch ein und konkurrieren in Material (verputzte Fassaden) und Formensprache (zurückhaltende Gestaltung) nicht mit den Baudenkmälern. Die Wohnbebauung wird weitgehend erhalten und durch Modernisierungen gestärkt, um einen musealen Charakter des Saalgebiets zu vermeiden.

## ÖFFENTLICHE FREIFLÄCHEN ODER FENSTER IN DIE VERGANGENHEIT

Öffentliche Freiflächen sind naturgemäß in dicht bebauten historischen Bereichen Mangelware. In besonders wichtigen Bereichen wurden trotzdem die Grabungsergebnisse freigelegt, gesichert und durch Informationstafeln erläutert. Durch die Anordnung dieser „archäologischen Fenster" in Randbereichen konnte eine Einschränkung der Nutzbarkeit von Straßen und Plätzen vermieden werden. Abseits der archäologischen Präsentationsbereiche zielt die Freiflächengestaltung jedoch primär auf die Anforderungen der Gegenwart. So wurden zusätzliche Parkflächen angelegt, durch Baumpflanzungen, Begrünung und die Möblierung mit Sitzbänken zusätzliche Aufenthaltsqualität geschaffen und vor allem der Verkehrsplanung Rechnung getragen.

Durch Beschilderung und den neuen Parkplatz im Norden des Saalgebiets hat sich die Parkplatzproblematik im Saalgebiet entspannt (Abb. 5). Es gibt weniger Abkürzungsverkehr, durch die Ausweisung einer verkehrsberuhigten Zone nach StVO und die verkehrshemmende Verschränkung der Haupttraverse „Im Saal". Aber selbst hier konnte die durch Ausgrabungen gewonnene Kenntnis des Fundamentverlaufs in die Gestaltung der öffentlichen Straßen und Plätze einfließen. Dort markiert beigefarbenes Granitpflaster die Fläche des Halbkreisbaus und des angefügten Rechtecks der Kaiserpfalz, weiße Travertinplatten zeigen den Verlauf der Fundamente. Auf diese Weise können die Ausdehnung und die Bebauungsstruktur der Kaiserpfalz abgelesen werden. Darüber hinaus wurde durch die Verwendung von Blaubasalt der im Spätmittelalter angefügte Bereich kenntlich gemacht. Die Fundamente ursprünglich hier vorhandener Befestigungstürme sind durch Platten aus blaugrauem Tuffstein erkennbar. Um ihre spätere Entstehungszeit zu zeigen, wurden die angrenzenden Straßen im Mittelbereich asphaltiert und im Randbereich mit hellgrauem Granitkleinpflaster versehen. Somit bilden die unterschiedlich gestalteten Oberflächen einen Kontrast von geometrisch klaren Linien und Flächen der Kaiserpfalz zu der unregelmäßigen Struktur der später entstandenen Straßen und Platzflächen.

## FAZIT

Bei der Entwicklung im Saalgebiet steht der gemeinsame Weg von Stadtsanierung, Archäologie und Bewohnern im Vordergrund (Abb. 6a+b). Auch wenn im Kernbereich Gastronomie und Einkaufsmöglichkeiten fehlen, so hat in unmittelbarer Nähe in der Mainzer Straße ein Naturkostladen mit Bistro eröffnet. Der Verkehr und die Parkplatznot bleiben, vor allem bei größeren Veranstaltungen, problematisch. Positiv haben sich jedoch der neue Parkplatz im Norden des Saalgebiets sowie die entsprechende Beschilderung auf den Durchgangsverkehr ausgewirkt.

Die vielen guten und beispielhaften privaten Gestaltungslösungen lassen die immer seltener werdenden „Ausreißer" verkraften. Und: Wichtiger als eine perfekt gestaltete Altstadt sind Bewohner, die sich mit ihrem Haus, ihrem Wohnumfeld und ihrer Stadt identifizieren können. Für das Konzept „Denkmaltouristische Erschließung der Kaiserpfalz und Stadtteilsanierung Saalgebiet Nieder-Ingelheim" wurde Ingelheim 2011 als „unverwechselbare Stadt" und damit als Gewinner des Stiftungspreises „Lebendige Stadt" ausgezeichnet.

# „*TEMPORA MUTANTUR ...*"
# („DIE ZEITEN ÄNDERN SICH ...")
## Ein Rück- und Ausblick in Zitaten

„Die Ausgrabungen auf diesem Boden waren mit besonderen Schwierigkeiten persönlicher und sachlicher Art verknüft, weil das Gelände der ehemaligen Pfalz seit den achtziger Jahren des vorigen Jahrhunderts durch neue Häuser, insbesondere durch die Anlage einer neuen Straße überbaut worden ist. Das führte zu vielfältigen Verhandlungen mit den Grundeigentümern, die für die Belästigung durch das Aufwerfen der Gruben auf ihren Grundstücken fast alle, zum Teil recht erheblich, entschädigt werden mußten. Infolgedessen mußten aber auch die Gruben in jedem Falle so schnell wie möglich wieder geschlossen werden. Das beraubte uns der wertvollen Möglichkeit, die aufgedeckten Mauerzüge ständig besonders auf ihre Technik hin vergleichen zu können und zwang zu einer besonders intensiven und schnell abgeschlossenen Aufnahme und Beobachtung jeder auch der kleinsten Einzelheit und zur Ausführung größerer Messungen, da wir selten nur einen Mauerzug in seinem ganzen Verlaufe verfolgen konnten."
*Christian Rauch, Grabungsvorbericht in: Quartalsblätter des Hist. Vereins für das Großherzogtum Hessen, Neue Folge 5, 1915, S.24*

„Infolge der seit 1400 freigegebenen bürgerlichen Ansiedlung sind die Befunde zerrissen und großenteils für uns im Augenblick überhaupt unzugänglich."
„Mit der Kampagne 1970 sind die Möglichkeiten, im öffentlichen Gelände zu graben, erschöpft. Freie Privatflächen bestehen im dicht bebauten „Saal" im Wesentlichen aus engen Höfen. Gärten sind nur an der spät angelegten Karlsstraße vorhanden."
*Walter Sage und Uta Weimann, Grabungsberichte und -tagebücher 1960–1970*

„Dass die Rahmenbedingungen der archäologischen Forschung im dicht bebauten Saalgebiet heute im Vergleich zum 20. Jahrhundert unter umgekehrten Vorzeichen stehen, machen Tagebucheinträge von Christian Rauch deutlich ... und noch mehr die Notiz von Walter Sage im Jahr 1970, die das vorläufige Ende archäologischer Grabungen mangels Zugänglichkeit von aussichtsreichen Grabungsplätzen beschreibt."
*Holger Grewe, Palast – Ruine – Denkmal, in: Xantener Berichte 19, 2011, S.322/323*

„Die Stadt Ingelheim verfolgt ... die Ziele, den historischen Bestand, die Präsentation und die wissenschaftliche Betreuung der Kaiserpfalz durch den Erhalt der Forschungsstelle Kaiserpfalz Ingelheim dauerhaft sicherzustellen. Hierzu notwendige Aufgaben in Auswahl: – Sicherung der Grabungsdokumentation und -funde, – Forschung und Publikation ... [*weitere Ziele genannt*]. Insgesamt zielen die Maßnahmen auf die dauerhafte Bewahrung und fachliche Betreuung der Kaiserpfalz Ingelheim als übernational bedeutendes Denkmal und Alleinstellungsmerkmal."
*Beschluss des Rats der Stadt Ingelheim am Rhein vom 6.7.2009*

# AUF DEN SPUREN KARLS DES GROSSEN IN INGELHEIM
Entdeckungen – Deutungen – Wandlungen

Begleitband zum Karlsjahr 2014 der Stadt Ingelheim am Rhein

## IMPRESSUM

### REDAKTION
Dr. Caroline Gerner

### REDAKTIONSASSISTENZ
Ramona Kaiser

### LEKTORAT
Karin Kreuzpaintner, Michael Imhof Verlag

### REPRODUKTION UND GESTALTUNG
Patricia Koch, Michael Imhof Verlag

### DRUCK
Grafisches Centrum Cuno GmbH & Co. KG, Calbe

Der Band erscheint im Michael Imhof Verlag, Petersberg

© 2014: Stadt Ingelheim am Rhein, Michael Imhof Verlag und die Autoren

Michael Imhof Verlag GmbH & Co. KG
Stettiner Straße 25
D-36100 Petersberg
Tel.: 0661/2919166-0; Fax: 0661/2919166-9
www.imhof-verlag.com | info@imhof-verlag.de

Printed in EU

ISBN 978-3-7319-0074-0

## BILDNACHWEIS

**UMSCHLAGFOTO:** „Die Vorstellung", Ulrich Haarlammert (2014)

**ARCHIV PETER WEILAND:** S. 84 (oben rechts), S. 88, S. 89, S. 94, S. 95 (oben)
**BADISCHES MÜNZKABINETT KARLSRUHE:** Dagmar Tonn, S. 51 (unten)
**BAYERISCHE STAATSBIBLIOTHEK MÜNCHEN:** S. 86
**BLUME, MARTIN:** S. 90
**BPK, GEMÄLDEGALERIE, STAATLICHE MUSEEN ZU BERLIN,** Jörg P. Anders: S. 98
**EUROPÄISCHES BURGENINSTITUT BRAUBACH:** S. 84 (oben links)
**GENERALDIREKTION KULTURELLES ERBE RHEINLAND-PFALZ:** S. 84 (unten), Direktion Landesmuseum Mainz, Ursula Rudischer: S. 112
**GOEBEL, HORST:** S. 117 (rechts)
**GRONAUER, HANS:** S. 117 (links unten)
**HAFFNER, JÖRG:** S. 93 (oben)
**HESSISCHES HAUPTSTAATSARCHIV:** Tafel 15
**RAUCH / JACOBI 1976:** S. 76, Tafel 5, S. 107
**SAGE, WALTER:** S. 108
**STAATSARCHIV WÜRZBURG:** S. 24–25
**STADT INGELHEIM AM RHEIN:** S. 33, S. 34, S. 35 (oben), S. 36 (oben), S. 41, S. 45, S. 51, S. 52, S. 75, S. 79, S. 82, S. 85, S. 87, S. 92, Seite 93 (unten), S. 95 (unten), S. 100 (oben), S. 106, S. 109, S. 115, S. 116, S. 118, S. 119, S. 123, S. 126, S. 128, S. 129, S. 130, S. 138, S. 139, S. 140 (oben), Tafel 12 (rechts oben), Tafel 20, Tafel 22; ArchimediX GbR: S. 6–7, S. 114, S. 120; Michael Bellaire: Tafel 11, Tafel 13; Klaus Benz: S. 10, Tafel 12 (links); eyeled GmbH: S. 121; Holger Grewe / ArchimediX GbR: S. 32 (oben), S. 35 (Mitte, unten), S. 38 (oben), S. 39 (unten), S. 73 (unten), Tafel 1, Tafel 2; Holger Grewe / Grafikbüro May: S. 73 (oben); Ulrich Haarlammert: S. 8–9; Volker Iserhardt: S. 30, S. 32 (unten), S. 36 (unten), S. 50, Tafel 21; Hubertus von Lucke (Leihgabe): Tafel 16–19; maßwerke GbR, Ulrich Haarlammert: S. 37, S. 72, S. 77, S. 78, S. 117 (links oben), Tafel 3; Katharina Peisker: S. 131–S.136; Archäologisches Zeichenbüro Rispa: Tafel 6, Tafel 7; Schmitz 1976: S. 71; Universität Mainz: S. 124, S. 125; Herbert Weyell: S. 126 (unten); Dieter Wolf: S. 2–3, S. 20, S. 44, S. 46, S. 47, S. 48, S. 49, Tafel 4, Tafel 8, Tafel 10; Dieter Wolf / ArchimediX GbR: S. 4–5, Tafel 14; Dieter Wolf / maßwerke GbR, Ulrich Haarlammert / Radek Myszka: S. 39 (oben); Alfons Rath: S. 68, S. 70, Tafel 9
**WEYELL, HERBERT:** S. 140 (unten), S. 141, S. 142
**ZELLER 1935:** S. 103